개와 늑대와 검찰의 시간

개와 늑대와 검찰의 시간

윤 석 열 과 검 찰 주 의 자 들

이재성 지음

검사 선서

나는 이 순간 국가와 국민의 부름을 받고
영광스러운 대한민국 검사의 직에 나섭니다.

공익의 대표자로서
정의와 인권을 바로 세우고
범죄로부터 내 이웃과 공동체를 지키라는
막중한 사명을 부여받은 것입니다.

나는
불의의 어둠을 걷어내는 용기 있는 검사,
힘없고 소외된 사람들을 돌보는 따뜻한 검사,
오로지 진실만을 따라가는 공평한 검사,
스스로에게 더 엄격한 바른 검사로서,

처음부터 끝까지 혼신의 힘을 다해
국민을 섬기고 국가에 봉사할 것을
나의 명예를 걸고 굳게 다짐합니다.

년   월   일

검사   ○ ○ ○

* 2008년 이명박 당시 대통령이 국무회의에서 "검사들
도 의사들처럼 선서를 하면 좋겠다"고 제안하면서 초
임 검사들은 위와 같은 '검사 선서'를 하게 되었다.

차례

Ⅰ 윤석열과 정치검찰

Ⅱ 언론과 지식인

추천의 글

우리나라에는 대통령의 통치권력에 맞먹는 또 하나의 권력이 존재합니다. 수사권과 기소권을 한 손에 틀어쥔 제왕적 검찰입니다. 이런 검찰의 뿌리는 일제 강점기 시대로 거슬러 올라갑니다. 일제는 식민지 통치를 용이하게 하기 위하여 검사에게 수사권과 기소권, 경찰에 대한 수사지휘권을 집중시켰고 이 제도가 광복 이후 1954년 형사소송법에 그대로 계수(繼受)되었습니다. 이후 검찰은 군사독재 권력에 협력하며 힘을 키워왔고 민주화가 진전되기 시작한 90년대부터는 합법적으로 다른 권력을 압도하는 무소불위의 권력기관으로 자리 잡기 시작했습니다. 검찰의 수사·기소 사정권에 들어온 대상은 사람이든 조직이든 생명과 자유, 명예와 지위를 잃고 사라졌습니다. 힘과 함께 특권도 커졌습니다. 법무부 외청에 불과한 조직에 장관급 1명과

50명의 차관급 자리가 보장되었습니다. 누구든 표적 수사하여 법정에 세울 수 있었지만 부패한 검사들 스스로는 누구로부터도 수사·기소를 당하지 않는 치외법권을 누렸습니다. 검찰청법은 검사에게 '공익의 대변자'라는 영광스러운 위상을 부여하였지만, 실상 검찰은 권력에 봉사하고 국민 위에 군림하며 조직의 특권을 지키기 위해 권한을 남용해 왔습니다.

당연하게도 문재인 정부를 탄생시킨 촛불 시민들이 지목한 개혁대상 1호는 검찰이었습니다. 그러나 문재인 정부는 검찰개혁에 실패했습니다. 정부·여당이 머뭇거리는 사이에 윤석열 검찰은 적폐대상에서 적폐청산의 주역으로 거듭났고 검찰개혁의 동력은 반감되었습니다. 동물국회라는 비아냥을 들은 국회 패스트트랙 사태를 겪으며 미니 공수처 설립과 수사권 조정이라는 부분적 개혁을 성취해 냈지만 검찰의 권한은 거의 건드리지 못했습니다. 검찰이 정치·경제·사회적으로 중요한 사건들에 대한 수사와 기소권을 그대로 갖고 있기 때문입니다. 한마디로 검찰의 영향력은 그대로입니다. 20대 대통령을 뽑는 현재의 대선국면에서도 승패를 좌우할 열쇠를 사실상 검찰 수사가 쥐고 있는 상황이 이를 말해줍니다. 이런 점에서 저자는 문재인 정부의 검찰개혁은 실패했다고 단호하게 말합니다. 개혁 실패의 후과는 혹독합니다. 이제는 검찰 스스로 권력을 창출해 내어 나라를 직접 경영하겠다고 나선 것입니다. 윤석열로 상징되는 검사정치의 등장입니다. 임명직 검찰총장직을 던져 버리고 나라를 직접 통치하겠다고 나선 윤석열과 그를 추종하는 검찰 패밀리는 검사들의 자신감과 망상이 어디까지 와 있는지를 잘 보여주고 있습니다.

저자는 책에서 검찰의 문제점, 검찰개혁의 어려움, 검찰개혁 실패의 원인, 검찰개혁의 요체와 지향점 등을 설득력 있게 풀어내고 있습니다. 문재인 정부의 검찰개혁 평가서라고 할까요. 많은 기자들이 검사들과의 유착으로 기레기라는 비아냥을 듣는 와중에 정치검사들에 대한 날카로운 비판을 서슴지 않고 검찰개혁의 당위성을 설파하는 기자를 보는 것은 사막에서 오아시스를 발견한 기쁨에 비유할 수 있을 것입니다. 저자는 개혁이란 한쪽 팔을 기둥에 묶고 싸우는 것처럼 힘든 일이고, 개혁은 혁명과 달리 한 번에 이루어지지 않고 여러 번의 시도와 실패가 쌓여 작은 개혁들로 조금씩 나아질 뿐이지만, 그럼에도 개혁을 포기할 수 없는 이유는 우리 후손에게 좀 더 나은 사회를 물려줘야 한다는 역사적 의무감과 사명감 때문이라고 말하고 있습니다. 현재를 살아가고 있는 우리 기성세대 모두가 새겨들어야 할 무겁고 엄숙한 말입니다. 또한 형사법 학자로서 20년 넘게 검찰 문제를 연구하고 검찰개혁에 동참해온 제 마음의 각오를 새로 다지게 해준 말이기도 합니다.

저자는 검찰개혁의 완성은 검찰의 수사권을 폐지하는 것과 검찰의 기소권을 통제하기 위한 대배심제도를 도입하는 데 있다고 말합니다. 전자는 수사와 기소권을 분리하자는 것이고 후자는 검찰의 기소권 남용을 막기 위해 주권자인 국민의 직접 통제권을 도입하자는 주장입니다. 검찰개혁의 완성점을 정확하게 지적한 주장입니다. 민주주의의 기본원리는 권력의 분립을 통한 견제와 균형입니다. 또한 주권자인 국민에 의한 권력통제입니다. 저자도 검찰개혁 2.0은 민주주의의 기본으로 돌아가는 것이라고 말합니다. 아직 문재인 정부는 6개월의 시한이 남아 있고 21대 국회는 임기의 반도 돌지 못했습니다. 개혁의 시간과 기회는 아직 남아 있습니다. 저자의 바람대로 검찰개혁이 완성되어 검찰공화국이 해체되고 우리 사회가 선진사회로 한 걸음 더 도약하기를 소망하고 기대합니다.

서보학
경희대법학전문대학원 교수

머리말

　붉게 물든 노을과 어스름한 땅거미가 뒤섞일 무렵 언덕을 넘어 어슬렁거리며 다가오는 동물이 개인지 늑대인지 알기 어려울 때 인간은 본능적으로 두려움을 느낀다. 대지를 환히 비추던 태양이 사라지고 어둠 속의 이정표가 되어줄 북극성은 떠오르지 않은 '개와 늑대의 시간'이다. 프랑스어로 '황혼'을 뜻하는 은유적 수사인 개와 늑대의 시간은 현대적 의미로 탈진실 시대와 뜻이 통한다. 우리는 무엇이 진실이고 거짓인지조차 합의에 이르지 못하는 시대를 살고 있다. 옳다고 믿어왔던 가치들이 흔들리고 과거의 동지가 원수처럼 돌아선다.

윤석열 전 검찰총장이 자신의 권력욕을 실현하기 위하여 검찰을 활용한 것인지, 정당한 권한을 행사하다 정부의 탄압을 받은 것인지에 대하여 우리는 각자 다른 생각을 품고 있다. 진보 안에서조차 도저히 건널 수 없을 것 같은 깊은 인식의 협곡이 생겼다. 이 책은 그 협곡의 심연에 다리를 놓아보려는 무모한 시도의 결과다. 때로 날선 표현이 없지 않으나 한때 같은 꿈을 꾸던 마음에 가닿으려는 애정이 깔려있다는 점은 알아주셨으면 한다. 이 책 하나로 모든 오해가 풀릴 수는 없겠지만 적어도 서로를 이해하게 되는 실마리가 되길 바란다. 문재인 정부 출범 이후 〈한겨레〉와 '인권연대' 웹진에 썼던 글 가운데 검찰과 사법부, 언론과 진보에 관한 것만을 모았다. 프롤로그와 에필로그는 새로 썼고, 본문은 현재 시점에 맞춰 손을 봤다.

양대 정치세력인 더불어민주당과 국민의힘을 일컬을 때 나는 진보와 보수 대신 개혁과 반개혁 또는 리버럴(자유주의)과 권위주의라는 표현을 사용했다. 리버럴과 권위주의는 정치적 성향과 태도에 관한 것인데, 국민의 자유를 중시하고 자율성을 보장하는 정도에 따라 나뉜다. 개혁은 정치와 경제, 사회, 문화 분야를 포괄하여 소수가 독점하는 제도와 편익을 다수가 향유하는 방향으로 고치는 행위를 말한다. 조중동을 비롯한 보수이데올로

그들은 민주당을 진보 또는 좌파라고 공격하지만 민주당은 진보도 좌파도 아니다. 민주당이 국민의힘에 비해 상대적으로 진보적인 건 사실이지만 정치세력으로서 진보라고 말하긴 어렵다. 민주당은 민족주의 계열의 우파 정당이었던 한민당의 후예로서 미국의 민주당처럼 정치적 자유주의를 추구하면서 경제적으로는 평등의 가치에 부분적으로 동의하는 수정자본주의 그룹이다. 이에 반해 국민의힘은 강경한 신자유주의 정당이라고 분류할 수 있다. 2008년 세계 금융위기 이후 신자유주의가 사망선고를 받았고 거의 모든 선진국이 케인스주의에 따라 국가의 적극적 개입을 당연시하는 상황에서 국민의힘이 표방하는 강경한 신자유주의는 세상에 존재하지 않는 신기루일 뿐이다. '작은 정부론'과 공기업 민영화, 복지축소와 승자독식으로 대표되는 신자유주의는 처참히 실패한 이데올로기이며 더는 실현 가능하지 않다는 점에서 일종의 사기에 가깝다. 미국과 한국의 우파들은 작은 정부를 표방하지만 실제론 큰 정부를 지향하면서 국가를 사적 비즈니스의 하위 파트너로 삼는다. 말과 행동이 극적으로 다르지만 보통 사람들은 알아차리기 어려운 트릭이 숨어 있다.

과거엔 정보가 적어서 트릭을 알아챌 수 없었다면 지금은 정보가 너무 많아서 속아 넘어간다. 정보의 홍수를 넘어 채널의 다양화로 자기가 믿고 싶은 정보만 편식하는 미디어 환경이 탈진실 시대를 만들어 냈다. 탈진실 시대는 '자성'의 기능을 잃어버린 확신주의자들이 서식하기 좋은 환경이다. 정의와 상식과 공정을 스스로 짓밟은 사람이 정의와 상식과 공정을 말해도 되는 초현실주의적 풍경이 가능해졌다.

가훈이 정직이라던 이명박이 사기꾼인 줄 알면서도 당시 유권자들은 부와 성공을 약속하는 사탕발림에 속아 그를 대통령으로 뽑았다. 무능하고 불통인 걸 알면서도 박근혜를 대통령으로 선출했고, 그 결말은 개인과 국가 모두의 불행으로 이어졌다. 지금은 윤석열이 무지하고 편협하며 무례하고 포악한 데다 위선적이고 거짓에 능하다는 걸 알면서도 상당한 지지를 보내고 있다. 윤석열은 최근 브라질 대통령 선거 출마를 선언한 세르지오 모루 전 법무부 장관보다도 더 직접적이고 흉악한 방식으로 수사권을 활용해 정치의 발판으로 삼았다. 윤석열이 대통령이 된다면 검찰 쿠데타가 성공하여 검찰공화국이 완성되는 것이다. 그리고 역사의 법칙에 따라 그 공화국은 스스로 무너져 내릴 것이다. 칼로 흥한 자 칼로 망한다. 다만 그 과정에서 나라의 상식과 희망이 함께 무너져 내리지 않기만을 바랄 뿐이다. 검찰개혁의 당위성은 거스를 수 없이 커질 것이다. 미국의 시인이자 철학자 랄프 왈도 에머슨의 말씀에 기대어 용기를 내어 본다. "우리가 굴복하지 않는 한 모든 악은 우리에게 도움이 된다."

이 재 성

정권이 바뀌어도 나아지지
않는 이유가 있다

　20대 대통령 선거가 기존의 대선과 구별되는 가장 큰 특징은 현 정부 기관장 (특히 힘이 센 기관) 출신들이 한꺼번에 야당 후보로 출마했다는 점이다. 검찰의 윤석열, 사법부 및 감사원의 최재형, 기획재정부(모피아)의 김동연이 그들이다. 마치 각 기관이 대표선수를 내보낸 것처럼 느껴진다. 이들의 공통점은 더 있다. 모두 고시 출신이라는 점과 현 정부와 각을 세워 이름을 날렸다는 점이다.

　투표로 뽑힌 대통령이 국정 수행을 위해 임명한 기관장들이 자신을 임명한 대통령과 각을 세우면서 자기 정치를 하는 걸 어떻게 받아들여야 할까. 민주주의는 다양한 의견을 존중하는 제도이므로 당연하고 바람직한 현상일까. 굳이 긍정적으로 평가한다면 권력 분산의 증거라고 평가할 수 있을 것 같다. 정치 전문가들이 '제왕적 대통령제'의 폐해를 지적하던 나라가 맞나 의심이 들 정도다. 그런데 공무원들이 이렇게 자기 정치를 하면 대통령을 뽑은 민심은 뭐가 되는 것일까.

큰 틀에서 정치가 방향을 결정하면 누군가 정책의 디테일을 만들고 집행해야 한다. 그 일을 하는 국가 조직을 행정부라고 부른다. 우리나라는 행정부의 상당수를 직업 공무원으로 구성한다. 국민의 선택과 심판을 받는 정치가 머리라면 행정부는 팔과 다리다. 그런데 개혁을 추구하는 정부가 집권하면 팔다리가 머리 노릇을 하려 하고, 심지어 자신의 머리를 공격하기까지 한다. 행정부의 수장이 행정부를 통솔하지 못하고 대선 공약도 이행하지 못한다면 대체 선거는 왜 하는 것일까. 삼권분립은 입법과 행정, 사법 사이에 이뤄져야 하는 것이지 행정부 안에서 구현해야할 가치는 아니다. 행정부 안에서의 반발은 권력분립이 아니라 오합지졸이다.

관료 출신 대선 후보 난립의 배경

—

'관료들의 저항'은 역사적이고 구조적이며 계급적인 배경을 갖고 있다. 재정과 세제, 복지와 분배, 외교와 남북관계를 비롯한 국정운영 철학이 일치하는 보수(반개혁) 정부에서는 관료들이 청와대에 저항하는 일이 벌어지지 않는다. 하지만 개혁을 추진하는 리버럴 정부에선 청와대와 여당에 반기를 드는 관료가 많아지고 곳곳에서 파열음이 발생한다. 관료집단 스스로 우리 사회의 강력한 기득권이자 특권층이기 때문이다. 리버럴 정부에선 '정부=청와대'라는 등식이 성립하지 않는다. 언론은 청와대에 저항하는 관료를 찬양하고 부추긴다. '김동연 패싱론'을 만들어내거나 '살아있는 권력수사론'을 증폭시켜 권력에 저항하는 의인 프레임을 만들어낸다. 보수적 관료와 언론의 연합작전으로 개혁은 좌절하고 반기를 든 관료는 영웅이 된다. 윤석열과 최재형, 김동연의 대선 도전 스토리가 대략 이러하다. 박근혜 탄핵으로 기존 보수정치 세력이 망해버린 상황에서 현 정부에 맞섰던 관료 출신들이 빈자리를 채우고 있는 것이다. (박근혜 정부에서 배신자로 몰렸던 유승민 당시 새누리당 원내대표나 진영 보건복지부 장관은 관료가 아니라 정치인이었다. 보수 정부에서 관료의 저항은 매우 드문 일이다. 노태강 당시 문화체육관광부 체육국장의 경우, 최순실의 딸 정유라가 승마대회에서 2위에 그치자 '청탁에 의한 판정오류가 아닌지 조사하라'는 요구를 받았는데, 조사해 보니 최순실씨나 반대쪽이나 둘 다 문제가 많다는 식의 보고서를 올렸다가 박근혜 대통령으로부터 "나쁜 사람"으로 찍혀 쫓겨난 것이다. 대통령의 개인적 청탁을 들어주지 않은 것이지 국정과 관련해 이견을 보이며 저항한 게 아니다. 반개혁 정부에서는 반란이 있더라도 금세 제압된다. 언론이 도와주기 때문이다. 유승민 배신자 프레임도 언론이 만든 것이다.)

윤석열과 최재형의 계급적 실체
—

　국민의힘 대선 후보로 선출된 윤석열 전 검찰총장과 예비후보였던 최재형 전 감사원장이 노동시간과 최저임금에 대한 시대착오적 발언으로 앞다투어 설화의 주인공이 됐을 때, 나는 기시감과 당혹감을 동시에 느꼈다. 재벌 관계자들과의 만남에서 반복적으로 듣던 레퍼토리가 대선 출마를 위해 임기 도중 사퇴하고 야당에 입당한 두 전직 관료의 입에서 동시에 흘러나오는 걸 보면서 느낀 기시감은 이들이 어느 계급에 속해 있으며 누구를 대변하려 정치에 뛰어들었는지 확인할 수 있게 했다. 적어도 이들이 평소에 만나고 대화하는 사람들 사이에서는 주 120시간 일해도 상관없으며, 최저임금 인상은 범죄라는 주장이 그럴듯한 의견으로 대접받는다는 사실을 알 수 있었다.

어떤 수사적 우회도 없이 과감히 드러내는 이들의 용기와 솔직함에는 당혹감을 느낄 수밖에 없었다. 재벌과 상류층만이 아니라 폭넓은 국민의 지지를 받아야 하는 정치인들이 특정 계급의 이데올로기를 이렇게 거리낌 없이 드러낼 수 있는 배경은 무엇일까. 나는 주류의 당당함이라고 생각한다. 재벌과 언론(대다수), 그리고 관료라는 보수 기득권 트리니티가 공유하는 가치관은 돌려말할 필요가 없는 주류적 인식이다. 비현실적이며 시대착오적인 인식에 대한 비판적인 여론이 비등하는데도 이들이 주눅들지 않고 공세를 취할 수 있는 것도 이 때문이다. 이들은 이후에도 육체노동과 아프리카를 싸잡아 폄훼하고(윤석열), 반노동 공약을 쏟아냈다(최재형).

부동산 정책 실패에서 김동연의 역할
—

지지율이 낮아서 잘 거론되지 않지만 김동연 전 부총리 겸 기획재정부 장관의 대선 출마도 자못 상징적이다. 리버럴 정부의 개혁정책이 어떻게 좌절되는지, 그 과정에서 관료가 어떤 구실을 하는지 전형적으로 보여준다. 김동연은 청와대와 대립하면서 몸값을 높였고 그 덕에 대선 출마까지 했다는 점에서 윤석열이나 최재형과 다를 바 없지만, 내용적으로는 훨씬 치명적인 타격을 가했다. 문재인 정부의 최대 실책인 부동산 정책 실패에서 김동연의 역할이 컸다는 사실을 기억하는 사람은 많지 않다.

부동산 정책에서 가장 중요한 것이 세제 개편인데, 김동연의 기재부는 초장부터 청와대의 개혁의지를 꺾어놓았다. 부동산으로 돈 버는 구조를 뜯어 고치겠다며 대통령 직속으로 만든 정책기획위원회 산하 재정개혁특별위원회가 종합부동산세와 금융소득종합과세 강화 방안을 권고했는데 당시 기재부가 강력히 반대했고, 대통령이 기재부 손을 들어줌으로써 안 그래도 미흡했던 증세안은 더욱 후퇴하고 말았다. 말과 행동이 다른 정부는 정책의 일관성에서 신뢰를 잃었고 30대를 중심으로 패닉바잉 현상이 나타났다. 결과는 사상 최악의 폭등이었고, 여파는 지금도 진행 중이다. 물론 최종적인 책임은 대통령과 청와대가 지는 것이지만, 정권 초기부터 '김동연 패싱'이라는 악의적인 프레임을 만들어 청와대와 기재부를 이간질했던 언론 지형을 무시하는 건 공정한 평가가 아니다. 문재인 대통령은 외교와 남북관계 등에는 상당한 관심과 철학이 있지만, 경제는 사실상 문외한에 가깝다. 이해관계가 복잡하고 파장을 예측하기 어려운 경제정책에서 주무부처의 반대를 뚫고 나가려면 관료를 압도할만한 실력과 의지가 필요하다. 또한 적대적인 언론의 여론조작에 맞서 국민과 직접 소통하면서 진실을 알려 나갈 수 있는 능력을 갖춰야 한다. 쉽지 않은 일이다. 참여정부에 이어 두 번의 실패를 자초한 김수현 당시 청와대 사회수석과 김현미 국토교통부 장관의 책임이 없다는 말이 아니다. 개혁을 표방하는 정권이 겪을 수밖에 없는 숙명 같은 현실을 강조하는 것이다. 건국 70년이 지나고 대를 이어가며 덩치가 커진 기득권 카르텔이 존재하는 한국 사회에서 뭔가를 개혁한다는 일의 어려움에 대해 정파를 초월한 동의와 협력이 필요하다고 나는 생각한다.

관료는 우파엘리트 카르텔의 대들보
—

어느 나라건 관료는 대체로 보수적이다. 기존에 하던 일을 관행대로 하고 싶어하며, 바꾸지 않으려는 습성을 갖고 있다.

특히 한국의 고급 관료는 고시제도라는 발탁 과정을 통과한 사람들에게 주어진 각종 특권과 자부심으로 뭉쳐 우리 사회의 상층부를 구성하고 있는, 우파엘리트 카르텔의 대들보 같은 존재다. 고시 합격이 출세와 권력의 지름길로 인식되던 시절부터, 지배계급이 대를 이어 세습을 거듭하고 있는 오늘에 이르기까지 관료집단은 보수 기득권 그 자체라고 해도 크게 틀린 말이 아니다.

특히 고위 관료는 퇴직 이후 평균 2~3번의 낙하산 자리를 보장받을 뿐 아니라, 자신이 담당하던 피규제기관에 취업하거나 로펌으로 자리를 옮겨 대정부 로비스트가 된다. 판검사 등 사법관료의 경우 전관비리로 노후를 보장받거나 역시 로펌으로 자리를 옮겨 은밀한 로비스트가 된다. 로비의 대상은 현직 후배들이다. 후배들은 자신들의 미래인 선배의 '관리'를 기꺼이 받으며 선배의 청탁을 들어준다. 이들 전·현직 관료들은 법과 규제를 매개로 우리나라 최상류층의 이익에 복무하면서 스스로 엄청난 고소득을 누리고 반개혁적 인맥을 형성한다. 현직에서는 권력과 명예를 누리고, 퇴직 뒤에는 돈을 챙긴다. 개혁에 저항할 수밖에 없는 물적·인적 토대를 고루 갖춘 셈이다. 기자들은 이 반개혁적 부패 고리를 잘 알지만 기사로 쓰지 않는다. 기자들이 낙하산이라고 비판하는 경우는 정치권 낙하산이다. 출입처 관료들이 '조져달라고' 정보를 준다. '관료 낙하산'이 의제화되지 않는 이유는 기자들이 출입처를 통해 관료들에 '포획'되어 있기 때문이다. 간혹 쓰더라도 무슨 아름다운 전통처럼 전관예우라고 우대해준다. 그러나 이것은 전관예우가 아니라 민주주의의 근간인 법과 제도를 병들게 하는 중대범죄이며 모두들 알고도 눈감아 주는 엘리트들의 치부수단이고 민주주의 유지를 위해 가장 먼저 없애야 할 반칙행위다.

특수한 형태의 관료, 법률 테크노크라트
—

검사와 판사를 포괄하는 사법관료는 법률에 따라 정의를 실현하는 소임을 부여받은 특수한 형태의 관료로서 독립성을 보장받으며 중립성을 요구받는다. 문제는 이들 판검사가 스스로 귀족이 되어 귀족의 눈으로 법을 재단하고 있다는 점이다. 젊은 시절부터 영감님 대접받으면서 권력을 행사하고 퇴직 뒤에는 보통사람들이 평생 구경도 못 할 엄청난 돈을 벌다 보니 국민 일반의 삶과는 거리가 멀다. 윤석열과 최재형처럼 국민의힘 시각으로 세상을 보는 검사와 판사가 주류를 차지하고 있다. 극소수를 제외하면 이들은 언제나 보수 기득권의 편이었다.

엘리트 기득권으로서 사법 귀족들이 카르텔을 형성해 부와 권력을 누리는 현실은 공연한 사실이지만 공중의 분노가 조직되는 단계로까지 이어지는 일은 드물다. 그들만의 리그에서 은밀하게 벌어지는 거래인 데다 합법의 외피를 쓰고 있기 때문이다. 최근 드러난 화천대유의 법조 고문단은 빙산의 일각일 뿐이다. 대체 이 나라에 얼마나 많은 화천대유가 있을지 상상조차 가지 않는다. 검찰이 박영수 전 특검을 비롯한 화천대유 법조고문단 수사에 소극적인 이유도 사법 귀족들의 카르텔 때문이라고 나는 생각한다. 사건 발생 몇 달이 지났는데 아직 관련자 압수수색조차 하지 않고 있다. 언론도 별다른 문제를 제기하지 않는다. 법치가 '인치'와 '돈치'로 오염된 지 오래다.

지배세력의 도구에서 권력의 전면으로
—

일제 강점기부터 군부독재 시대에 이르기까지 검찰이 지배세력의 편이 아니었던 적은 단 한 번도 없다. 시대마다 위상과 역할이 조금씩 바뀌었을 뿐이다. 검사의 독점적 영장청구권을 형사소송법에 이어 제3공화국 헌법에 명시함으로써 무소불위한 검찰의 토대를 깔아준 박정희 독재정권 시절, 검찰은 중앙정보부가 고문으로 조작한 간첩단을 기소하고 유죄가 나오도록 최선을 다했다. 초법적 권력의 초법적 행위를 법률적으로 정당화해주는 보조적 구실을 했다. 노동자들이 파업하면 오로지 사용자 편에서 법의 칼을 휘둘렀다.

그러다 1987년 6월 항쟁 이후 독재 권력이 사라지고 형식적으로나마 법치주의 사회가 정착하면서 검찰 스스로 점차 권력의 전면에 나서게 된다. 특히 1990년대 후반부터 시작된 시민단체들의 반부패 운동을 비롯한 일련의 정치개혁 투쟁이 성공을 거두면서, 사회가 투명해질수록 검찰에 권력이 집중되는 현상이 나타났다. 민주화의 과실을 검찰이 가장 많이 누리는 역설이 발생한 것이다. 검찰 권력의 핵심은 공안에서 특수로 옮겨갔다. 박근혜 정부 때 김기춘을 비롯한 공안검사들의 화려한 컴백

이 있었지만 잠시뿐이었다. 그렇다고 이들이 갑자기 민중의 지 팡이가 될 리는 만무하다. 정치 권력의 외압보다도 강력한 내적 동인, 밥그릇 지키기 투쟁이 시작된 것이다.

검사들이 중립성 걷어찬 윤석열 비판하지 않는 이유
—

보수 정부에서는 정치 권력이 사법 관료를 수족처럼 부려서 문제가 발생하지만(이명박·박근혜 정부의 검찰 및 사법농단), 개혁 정부에서는 이들 스스로 독립성과 중립성을 허문다. 특히 윤석열의 경우 한동훈 감찰 방해 사건에서 보듯 검찰조직을 자신의 사병처럼 사유화했다는 사실이 점점 드러나고 있다. 거대한 엘리트 조직이라고 할 수 있는 검찰이 이렇게 쉽게 사유화될 수 있었던 것은 윤석열이 검찰조직을 위해 정치 권력에 맞서 싸운다는 명분에 일선 검사들이 동의했기 때문이다. 검찰 개혁에 대한 조직적 저항 의지가 워낙 압도적이어서 윤석열의 사병화를 용인하게 된 셈이다. 정치적 중립성을 걷어차고 대선 직행을 선택한 윤석열에 대해 검찰 내부의 비판이 거의 없는 것도 같은 이유다. 거대한 밥그릇 공동체로서 윤석열 대통령에 베팅한 것이나 다름없다. 김오수 검찰총장을 비롯해 현 정권과 운명을 같이할 수밖에 없는 검사들이 주요 보직을 맡고 있지 않냐고 이의를 제기하는 분들이 있겠지만, 이들은 극소수에 불과하다. 일선 검사들의 의견을 무시하고 주요 사건을 입맛대로 처리하는 건 불가능하다. 참여정부 청와대 경력으로 문재인 정부에서 승승장구하던 조남관 전 대검 차장(현 법무연수원장)이 막판에 윤석열 편으로 돌아선 이유가 무엇이겠는가. 정권은 유한하지만 (검찰)조직은 무한하다는 믿음 때문이다. 검찰 후배들에게 밉보이면 퇴직하고 나서 먹고살기 어렵기 때문이다.

문재인 정부 개혁 실패의 비밀
—

한국의 진보진영이 쉬이 간과하는 대목이 관료집단의 보수성이다. 정신이 말짱해도 팔다리가 제대로 움직이지 않으면 거동하기 어렵듯이 관료가 움직이지 않으면 개혁이 불가능하다. 반개혁 정부에서는 관료의 보수성이 아무런 문제가 되지 않지만 (국민의 삶에는 당연히 부정적인 영향을 끼친다), 개혁 정부에서는 국정 운영의 큰 걸림돌이 된다. 김대중 정부와 노무현 정부의 경우 아이엠에프 구제금융 여파로 사실상 외부적으로 강제된 신자유주의 정책을 따라야 했기 때문에 경제관료들과 청와대가 정책을 두고 이견을 보인 적은 별로 없었다. 이들의 경제정책은 대체로 우파적이었다. 노동운동진영을 비롯한 좌파들은 이들 정권을 강력히 비판했다.

경제정책에서 관료와 청와대가 본격적인 엇박자를 내기 시작한 것은 문재인 정부 들어서다. 가장 대표적인 사례가 코로나 사태 이후 두 차례 지급된 국민재난지원금이다. 특히 2차 지원금의 경우 전 국민에게 보편지급하자는 민주당과 70%를 주장하는 기재부가 맞섰고, 최종적으로 88%까지 올라갔지만, 제외된 이들의 불만과 시비가 잇따랐다. 정부로서는 주면서도 욕을 먹는 사태가 발생한 것이다.

소득불평등보다 자산불평등이 압도적으로 심각한 상황에서 소득 위주로 지원대상을 선별하다보니 집이 없는 근로소득자가 역차별을 받는 결과를 낳았다. 국민재난지원금을 선별 지급하는 건 안 주느니만 못한 것이다. 코로나로 피해를 본 소상공인을 집중 지원해야 할 필요도 절실하지만, 기재부는 이마저도 인색하기 짝이 없다. 겨우 10만원을 지원금으로 받거나 초과지급됐다고 환수요청을 받은 경우도 있다고 한다. 미국, 일본, 캐

나다 등 주요 선진국들의 소상공인들이 코로나 이후 최소 1억 원 이상의 지원금을 받았다는 소식은 그야말로 남의 나라 얘기일 뿐이다.

주요 선진국에 비해 재정이 압도적으로 건전한데도 재난 지원은 비교할 수 없을 정도로 적은 것은 대한민국이 여전히 신자유주의 '작은 정부론'에서 벗어나지 못하고 있다는 증거다. 2008년 미국발 세계 금융위기 이후 신자유주의 이론의 양대 축이라고 할 수 있는 '트리클 다운' 이론과 함께 작은 정부론 역시 무너져 내렸다. 그런데도 우리나라에서 여전히 작은 정부론이 맹위를 떨치고 있는 것은 정치권뿐만 아니라 관료와 언론의 우편향이 워낙 강력하기 때문이다. 홍남기 경제부총리 겸 기획재정부 장관은 전임자였던 김동연과 달리 기본적으로 예스맨에 가까운 사람인데도 민주당과 다른 목소리를 낼 수밖에 없는 것도 이런 구조적인 배경과 관련이 있다. 그렇게 하지 않으면 기재부 내부의 반발을 수습하기 어렵기 때문이다. (신재민 전 기재부 사무관의 국채발행 비판은 단순한 해프닝이 아니다. 경제관료들과 보수세력이 공유하는 긴축재정에 대한 맹신은 시장만능주의와 함께 하나의 강력한 이념체계를 구성한다.) 언론은 이 틈을 비집고 들어가 관료와 여당 및 청와대의 갈등을 부추긴다. 자신 없는 문재인 청와대는 늘 기재부의 편을 들어줬다. 경제 및 노동 분야에서 문재인 정부가 변변한 개혁 성과를 내지 못한 비밀의 일단이 여기 있다. 미국이나 프랑스처럼 국장급 공무원까지 대통령이 임명할 수 있도록 해야 선출 권력의 권한과 책임이 명실상부해질 수 있을 것이다.

조선일보는 총 대신 활자를 쏜다
—

개혁 실패의 원인으로 관료와 함께 빼놓을 수 없는 것이 언론의 역할이다. 한국 언론은 제4부가 아닌 0부다. 입법·사법·행정 모든 분야에 관여하여 여론을 좌지우지하는 '데우스 엑스 마키나'(절대자) 같은 존재다. 소셜미디어 시대에 기성 언론의 역할을 과대평가하는 것 아니냐고 묻는 사람들은 언론 환경 변화의 실상을 잘 모르는 사람들이다. 〈조선일보〉를 비롯한 올드 미디어의 영향력이 줄어든 것 같지만 절대 그렇지 않다. 신문 발행부수는 줄어들었지만, 인터넷 공간에서의 부정적 영향력은 오히려 더 커졌다. 이들이 사실과 거짓을 적당히 섞어 추정과 의혹의 형식으로 기사를 쓰면 포털이라는 증폭기를 통해 베껴쓰기와 인용보도가 무차별적으로 퍼진다. 국민의힘은 대중의 무지와 오해를 교묘히 이용해 정치 공세를 이어가고, 유튜브 등에서 확대 재생산되며 가짜뉴스의 먹이사슬을 형성한다.

개혁 정부가 집권하면 보수우파 언론은 전투모드로 돌입한다. 대한민국이 사실상 내전 중이라는 사실은 아무 날짜나 〈조선일보〉 사설을 보면 안다. 비판이라기보다 비난과 저주에 해당하는 날선 언어가 날마다 이 매체의 지면과 화면을 채운다. 조선일보는 총 대신 활자를 쏜다. 요즘은 그 흔한 허니문도 없다. 대표적인 경우가 문재인 정부 초기 최저임금 인상이었다. 기억하는 사람이 별로 없지만 최저임금 1만원 달성은 목표 시기만 달랐을 뿐 여야의 주요 후보가 모두 약속했던 내용이었다. (문재인·유승민·심상정 후보 2020년까지, 안철수·홍준표 후보 2022년까지) 문재인 정부가 과감하게 공약 이행에 나설 수 있었던 배경에는 이런 광범위한 사회적 합의가 있었다. 하지만 〈조선일보〉는 자영업자들의 일부 반발을 부풀리고 부추기면서 최저임금 흔들기에 나섰다. 결과는 〈조선일보〉의 완벽한 승리였다. 문재인 정부는 최종적으로 박근혜 정부보다도 낮은 최저임금 인상률을 기록하게 됐다. 올해 노벨상(경제학) 수상자인 데이비드 카드 미국 UC버클리 경제학과 교수의 연구가 말해주듯이 최저임금 인상이 고용을 줄인다는 증거는 어디에도 없지만 유력언론이 줄기차게 보도하면 결국 기정사실이 되는 게 우리나라의 현실이다.

내년부터 미국 연방정부 계약직 노동자의 최저임금을 37% 올리기로 한 조 바이든이 우리나라 대통령이었다면 아마 진작 탄핵을 당했을 것이다.

개혁의 과잉 vs 개혁의 결핍
—

노동문제만이 아니다. 감사원장 시절 최재형이 월성원전 1호기가 '조기폐쇄'됐다며 감사를 강행할 수 있었던 것도 '찬핵진영'의 선봉장 〈조선일보〉의 끈질긴 탈원전 비난 보도 덕분이었다. 검찰총장이었던 윤석열은 기다렸다는 듯이 수사에 착수했다. 월성원전 1호기는 2012년 이미 설계 수명이 끝난 상태였다. 그런데 한국수력원자력이 정부의 심의도 제대로 받지 않고 7천억원을 들여 노후설비를 교체했고, 나중에 박근혜 정부 원자력위원회가 2022년까지 수명 연장을 결정했다. 그러나 안정성을 걱정한 주민들은 원자력위원회의 수명연장 처분을 취소해달라고 소송을 냈고 2017년 1심 판결에서 승소한 상태였다.

월성원전 1호기는 설계 수명이 다하기 전에도 각종 치명적인 사고가 발생했고, 수명 연장이 이뤄진 뒤에도 고장으로 멈춰서는 일이 잦았다. 최재형과 윤석열이 말하는 경제성 역시 수리에 7천억원이 들어갔으므로 10년 더 운전하면 이익이라는 것인데, 고장이 잦고 폐기물처리 비용 등이 늘어나면서 월성1호기는 매년 적자를 기록하는 상태였다. 경제성보다 중요한 고려 요소가 안정성인 것은 두말할 나위가 없다. 문재인 대통령이 월성1호기 폐쇄를 대통령 공약으로 내세운 데 이어 국정과제로 추진한 이유다.

법은 민주주의를 실현하는 도구이지 목적이 아니다. 자신의 정치적 신념에 따라 법을 자의적으로 적용하는 것은 법치 수호가 아니라 파괴 행위다.

〈조선일보〉는 최근(2021.10.18) 탄소중립위원회가 발표한 탄소중립 시나리오 최종안에 대해서도 성급하다며 화를 낸다. 기업들의 이익이 줄어들 것을 우려하는 것이다. 반면, 기후변화 관련 시민단체를 비롯한 개혁세력은 너무 느긋한 대책이라고 비판한다. 개혁은 늘 이렇게 과잉과 결핍이라는 양날의 비판에 직면할 수밖에 없다. 문제는 개혁을 추구하는 정부에서 개혁이 과잉이라는 비판은 늘 과잉이고 개혁이 부족하다는 비판은 늘 부족하다는 것이다. 만약 정부가 바뀌어 이 탄소중립 시나리오를 이

행하려 하는데 최재형이나 윤석열 같은 감사원장과 검찰총장
이 나타나 탈원전 정책처럼 감사하고 기소하지 않으리라는 보
장이 있을까.

정의당 · 노동당 · 진보당이 집권한다면
—

관료들의 저항에 대해 문재인 정부가 사람 볼 줄 모른다거나
무능해서 그렇다는 이들이 있는데, 과연 그 이유 때문만일까.
문재인 정부가 유능했다고 말하려는 게 아니다. 특히 사회경제
개혁의 관점에서 보면 문재인 정부는 결과적으로 실패했고 무
능했다고 말할 수밖에 없다. 그런데 만약 정의당이나 노동당,
진보당이 집권한다면 어떨까. 민주당의 왼쪽에서 개혁의 결핍
을 비판하는 사람이라면 이 질문에 답을 갖고 있어야 한다. 더
선명한 개혁은 더 강한 반발을 부를 수밖에 없고, 관료들과 언
론의 저항은 민주당 집권 때와는 비교도 안 되게 더 집요할 것
이다. 등용 가능한 인재풀은 민주당보다 좁을 수밖에 없다. 보
수(반개혁) 정부에선 일어나지 않는 저항이 리버럴(개혁) 정부만 되
면 반복적으로 발생하는 패턴의 비밀을 풀고 대책을 마련해야
한다. 정말로 우리 사회의 개혁을 원한다면, 불평등과 비정규직

이 없는 세상, 서민들도 집값 걱정 없이 살 수 있는 세상, 소수
자와 사회적 약자가 차별받지 않고 반칙과 특권이 통하지 않
는 세상을 진정으로 원한다면 더이상 미룰 수 없는 과제다. 이
것이 이 책을 관통하는 문제의식이다.

Ⅰ

윤석열과 정치검찰

윤석열의
정의와 공정은 사기다

—

　윤석열 전 검찰총장의 대선 출마는 한국 정치의 후진성이 낳은 역사적 현상이다. 정치적 쟁점을 정치가 해결하지 못하고 검찰과 사법부에 떠넘겨온 과정에서 지나치게 비대해진 검찰권력이 직접 정치를 하겠다고 나선 것이다. 정치의 사법화가 사법의 정치화라는 불행한 결말로 이어졌다. 레거시가 망해버린 보수세력은 정권교체 의지와 더불어 정치 보복(이명박·박근혜처럼 문재인도 구속해달라!)의 염원을 담아 윤석열에 매달리고 있다. 각종 사회적 현안과 갈등 해결의 비전도 없고, 낡은 인식과 잦은 말실수에도 지지율이 버티는 배경이다. 윤석열 현상은 정치 불신과 혐오라는 반정치적 성향을 바탕으로 보복의 악순환을 예고하고 있다는 점에서 매우 위험하고 퇴행적이다.

정치검사의 시대에서 검사정치의 시대로

윤석열 전 검찰총장을 대선 후보로 밀어 올린 계기는 정치권력에 대한 두 번의 항명이었다. 언뜻 보기에 비슷한 사건인 듯하지만 둘의 성격은 완전히 다르다. 박근혜 정부 때는 국가정보원의 대선 여론조작 사건 수사를 검찰 수뇌부가 방해한 것이 문제였고, 문재인 정부에서는 조국 법무부 장관 후보자의 인사청문회가 열리기도 전에 수사를 시작한 게 문제였다. 하나는 수사를 못 하게 방해한 것이고, 하나는 수사에 무리하게 착수한 것이다. 특히 조국 일가 수사는 국민의 선택권과 대통령의 인사권에 검찰이 개입한 사건이다. 검찰이 수사를 무기로 정치를 시작한 것이다.

이명박·박근혜 정부를 비롯한 권위주의 정부는 정치검사 전성시대였다. 정치권력은 검찰의 조직과 이익을 보호해주고 검찰은 정권이 원하는 수사만 했다. 윤석열 본인도 정치검사였다. 이명박의 비비케이(BBK) 관련 면죄부에 일조한 뒤 출세가도를 걸었다. 윤석열이 이명박 때가 제일 쿨했다고 한 것은 그래서다. 하지만 윤석열은 박근혜 정부 들어 정치검사의 길을 거부

했다. 권력에 굴종하지 않고도 검찰이 살 수 있는 방법이 있다고 생각한 것이다. 박근혜 정부에 대한 윤석열의 항명은 검사정치 개막의 전주곡이었다.

윤석열의 편파적 정의감

물론 검찰출신도 정치를 할 수 있다. 하지만 검찰이 정치를 해서는 안된다. 군대가 정치를 해서는 안되는 것과 같은 이치다. 윤석열은 검찰총장을 자진 사퇴하고 대선 출마를 선언한 뒤 야당에 입당함으로써 총장 임기 중 벌인 일련의 수사가 반정부적 활동의 일환임을 스스로 입증했다. 검찰의 정치적 중립성은 심대한 타격을 받았다. 이를 우려한 검찰 안팎의 많은 인사가 반대했으나 그는 결국 자기 욕심을 이기지 못했다. 검찰은 윤석열이 당선돼도 문제, 안돼도 문제일 것이다. 윤석열이 당선된다면 정적을 처단하는 칼이 될 것이고(촛불항쟁 이후 국민적 염원이었던 적폐청산과 비교하지 마시길!), 당선되지 못한다면 수사-기소 분리는 물론이고, 해체에 가까운 대수술을 받을 수밖에 없는 처지다.

나는 윤석열 국민의힘 대선 후보가 정의감이 없는 사람이라고 생각하지 않는다. 다만 그 정의감이 이기적이고 편파적으로 작동해서 문제라고 생각한다. 윤석열의 세계는 피아로 나뉜다. 나를 기준으로 동심원을 넓히듯 내 식구, 내 조직(검찰), 내 계급 (또는 진영)의 눈으로 선악을 판단한다. 윤석열의 이기주의에는 '내로남불'이라는 낡은 조어로는 설명되지 않는 퇴행성과 잔혹성이 있다. 아무리 보수주의가 인간의 이기심에 터잡은 이데올로기라 할지라도 윤석열처럼 역지사지가 통하지 않는 이기주의자는 이명박 이후 실로 오랜만이다. 편협한 자기확신으로 세상을 일도양단해서 자기 나름의 정의를 실행한 역사가 끔찍한 결말로 이어졌음을 우리는 잘 알고 있다.

윤석열과 검찰의 이기주의

윤석열의 이기주의는 '제 식구 봐주기'라고 비판받는 검찰의 조직이기주의와 뿌리를 공유한다. 좀 더 정확히 말하면, 윤석열은 검찰이라는 조직의 이기주의를 만들어온 핵심 당사자이자 수혜자로서 정점에 서 있는 인물이다. 윤석열 자신이 책임자였을 때 언론에 보도되어 우리가 알고 있는 제 식구 봐주기 사례만 해도 부지기수다. 한동훈의 검언유착 사건 감찰을 막기 위한 눈물겨운 노력, 라임펀드 술접대 검사들을 구제하기 위한 '99만원 불기소 세트', 스폰서 검사로 유명했던 김광준 검사에 대한 영장 반려 등 얼른 생각나는 것만 열거해도 이 정도다. 유검무죄 무검유죄인 셈이다. 그중 백미는 동생처럼 아끼는 윤대진의 형 윤우진 전 용산세무서장의 뇌물 혐의 사건이다(자세한 내용은 생략한다. 〈시사인〉의 고제규 기자가 쓴 기사 '윤석열의 아킬레스건, 윤우진 전성시대'에 정리가 잘 돼 있다). 윤우진은 해외로 도피했다가 국내로 송환됐지만 검찰의 무혐의 처분 덕분에 명예롭게 공직을 마친 뒤 잘 살고 있다.

내로남불은 검찰의 학습된 정체성

윤석열의 박애주의가 검찰 후배만이 아니라 후배의 식구한테까지 적용된다는 점에 주목해야 한다. 검찰 전관비리(예우) 시스템의 작동 원리를 알 수 있기 때문이다. 검찰 식구끼리 서로 봐주고 챙겨주는 문화는 퇴직 이후에도 이어지며, 변호사로 변신한 선배가 수임한 사건은 내 식구의 사건이 된다. 현직일 때 선배 사건을 잘 챙겨줘야 내가 퇴직했을 때 후배도 내 사건을 챙겨준다. 검찰은 대를 이어 먹고 사는 밥그릇 공동체다. 검찰의 내로남불은 오랜 기간 학습된 조직적 정체성이다. 검사동일체 원칙이라는 전근대적 규정 아래 강요된 조폭적 질서에서 윤석열처럼 내 식구를 보호하고 챙기는 데 능력을 발휘하는 검사들이 조직의 인정을 받고 출세했다. 임은정 검사처럼 주류 논리에 저항하는 사람들은 '이상한 애' 취급받으며 왕따당하는 조직이 검찰이다. 그 주류 중의 주류가 윤석열이다.

검사의 수사와 기소 업무는 판사의 재판 업무와 달라서 일정한 양형 기준도 매뉴얼도 없다. 말 그대로 검사의 양심과 검찰 조직의 상식에 맡길 수밖에 없다. 대중이 보기에 명백히 죄가 있는데도 검찰이 혐의점을 발견할 수 없었다고 말하면 반박이 불가능하다. 죄에 비해 과도한 강제수사를 벌이거나 언론플레이를 한다고 해도 제어할 방법이 없다. (법무부가 제도를 바꾼다는 데 실효성이 있을지 모르겠다) 이런 자의성이 쌓인 결과 지금 우리나라 검찰과 사법제도에 대한 국민의 신뢰는 밑바닥이다. 드라마 〈모범택시〉와 〈빈센조〉에서 주인공이 검찰을 믿지 못하고, 직접 나서서 악의 무리를 처단하는 것은 이런 국민의 인식을 반영하는 설정이다.

김건희 모녀의 패밀리 비즈니스에 관한 의혹

윤석열 처가와 관련한 의혹이 설득력을 얻는 배경에는 검찰을 비롯한 사법 시스템에 대한 불신이 존재한다. 주지하다시피 장모 최은순씨가 연루된 소송에서는 최씨가 모종의 특혜를 받았다고 볼 수밖에 없는 석연치 않은 대목이 많다. 쌍방으로 송사가 붙으면 백전백승의 승률을 보였고, 공동범죄(ex: 요양병원 건

_{강보험금 편취 사건})일 경우엔 혼자만 처벌을 면했다. 그 숱한 소송에도 불구하고 홀로 건재하던 최씨가 건강보험금 편취 사건에 대한 추미애 법무부 장관의 지휘권 발동 이후 법정구속 됐다. 그동안 누군가 최씨를 비호하고 있었다는 의심이 들 수밖에 없다.

정대택씨를 비롯한 소송 당사자들은 양재택과 윤석열이라는 두 명의 검사가 뒷배 노릇을 했을 거라고 주장한다. 양재택 전 서울남부지검 차장검사와 김건희씨의 특별한 관계는 가족이나 주변 친인척들의 육성으로 확인된다. 함께 해외여행을 간 것이나 양 검사 쪽에 큰돈이 건네진 사실도 확인된 상태다. 양 검사와 김씨의 불륜 의혹은 단순한 사생활이 아니라 검사의 권력형 비리 혐의와 관련이 있는 핵심 사안으로서 그 실체가 남김없이 밝혀져야 마땅하다. 공권력을 사적으로 부려 사익을 취했다면 나라의 근간을 흔드는 중대 범죄다. 공소시효가 지났다고 하더라도 당사자가 장차 퍼스트레이디가 될지도 모르는 사람이라면 집중적으로 파헤쳐야 할 공적 의제라고 생각한다.

이기주의자 윤석열의 예상된 반응

〈뉴스타파〉와 〈뉴스버스〉 등의 취재에 따르면, 김건희씨는 자신들에게 유리한 증언을 해달라고(상대방은 이를. 위증교사라고 주장한다) 증인에게 1억 원을 건네려고 하는 등 어머니의 사업에 꽤 깊은 관여를 했다고 한다. 이른바 잔고증명서 위조 사건에서도 김건희씨 이름이 등장한다. 그런데 역시 윤석열은 예상대로 아무것도 몰랐다는 태도다. 장모 관련 의혹들을 검찰총장 인사청문회 때 처음 알았다고 한다. 내 식구 챙기기의 달인답다.

만약 조국 법무부 장관 임명 전에 부인 정경심씨의 '회원유지(member Yuji)' 논문이 발견됐다면, 이력서에서 한림성심대를 한림대로 표기했다면 어떻게 됐을까. 민정수석 재직 시절 부인 소유의 회사에 대기업들이 줄줄이 협찬을 했다면(코바나컨텐츠 협찬) 어떻게 됐을까? 주가 조작 의혹이 불거졌다면(도이치모터스) 지금처럼 언론이 조용할까? 한동훈의 표현처럼 "일개 법무부 장관"이 아니라 대통령을 뽑는 선거다. 나는 이 거대한 침묵이 의아할 따름이다.

개와 늑대와 검찰의 시간

한국 검찰의 역사는 개와 늑대의 시간으로 나뉜다. 목줄을 세게 쥐는 권위주의(또는 독재) 정부에서는 충직한 개였다가, 풀어 놓아주는 리버럴 정부에서는 야생의 늑대가 된다. 개의 시간에는 주인의 명령에 따라 물라면 물고 짖으라면 짖지만, 늑대가 되면 스스로 본능에 따라 살아간다. 생존 본능이라는 새로운 주인을 섬기는 것이다. 생명 유지와 번식을 위해 필사적으로 먹이를 사냥하고 목숨을 건 결투도 피하지 않는다.

친검이냐 반검이냐

윤석열이 이럴 줄 몰랐다고 말하는 사람들은 윤석열을 잘못

본 것이다. 윤석열은 개의 시간에도 늑대 유전자를 숨기지 않던 인물이다. 당시 수뇌부가 개처럼 정권에 충성할 때 윤석열은 주인 없는 늑대처럼 행동했다. 그걸 현 정부 지지자들이 자기편이라고 착각했을 뿐이다. 윤석열은 누구의 편도 아니다. 윤석열은 검찰 편이다.

개의 시간에는 늑대가 드물지만, 늑대의 시간이 되면 죄다 늑대가 된다. 늑대의 시간에 늑대가 되는 건 쉬운 일이다. 가히 합법 쿠데타라 할 만한 작금의 검찰 행태를 윤석열 개인의 문제로 돌리는 시각은 그래서 근시안적이다.

늑대가 된 검찰의 판단 기준은 여당이냐 야당이냐, 진보냐 보수냐가 아니다. 친검이냐 반검이냐다. 검찰 개혁에 반대하는 국민의힘은 친검이고, 검찰 개혁 의지를 꺾지 않는 문재인 정부와 더불어민주당은 반검이다. 자유한국당 시절 국회 패스트트랙 수사부터 국민의힘 관련 수사를 검찰이 열심히 하지 않는 이유는 검찰이 보수여서가 아니라 국민의힘이 검찰 편이어서다. 국민의힘과 검찰의 적폐연대는 역사가 깊다.

이기적이고 자의적인 수사

늑대가 된 검찰에게 가장 큰 천적은 이른바 '검찰개혁 세력'이다. 그대로 뒀다간 검찰이 사냥을 못하게 되거나 번식이 불가능해질 수 있기 때문이다. 검찰에게 조국은 호랑이 새끼 같은 존재였다. 더 크기 전에 물어 죽여야 했다. 조국 하나를 잡기 위해 청와대와 총리실, 기획재정부, 경찰청 등 가리지 않고 들이닥쳤다. 전국의 검찰 조직을 총동원해 넉 달 동안 뒤진 끝에 고작 '감찰 무마' 직권 남용 혐의로 구속영장을 청구했다. 비슷한 시기 채용 비리 혐의를 받던 김성태 당시 자유한국당 의원 등에게는 구속영장의 ㄱ자도 꺼내지 않은 검찰이다. 표적수사이자 문어발식 별건 수사일 뿐 아니라 친검 편파 수사로서 검찰 흑역사에 영원히 남을 것이다.

조국 일가 수사를 계기로 윤석열 검찰은 주요 타격방향을 청와대에 정조준했다. 지금은 국민의힘 원내대표가 된 김기현 전 울산시장에 대한 이른바 '청와대 하명수사' 사건을 비롯해 유재수 전 금융위 국장 '감찰무마' 사건, 월성원전 1호기 조기 폐쇄 사건 등 청와대가 연루된 사건만 골라서 수사했다. '검찰개혁 사령부'에 해당하는 청와대의 도덕성에 치명타를 가하려는 의도라고밖에 달리 해석하기 어렵다. 각각의 유죄 여부는 검찰에게 중요하지 않다. 한국 검찰은 수사 착수만으로 유죄 심증을 갖게 하는 언론 환경을 갖고 있다. 의혹 제기만으로 목적의 절반을 이룬다. 물어뜯기도 전에 먹잇감은 만신창이가 된다.

이렇게 탈탈 털면 먼지 하나라도 나오지 않을 도리가 없다. 문제는 이 모든 검찰의 무리한 행위가 합법의 영역에 있기 때문에 제어할 수단이 없는 것처럼 보인다는 것이다. 검찰의 의도는 불순하지만 입증하기 어렵고, 합법적 수사를 통해 불법행위를 밝힌다는 결과만 남는다. 검찰은 이렇게 국민을 '합법 딜레마'에 빠뜨려 놓고 제 밥그릇 챙기는 데 국민이 위임한 공권력을 남용하고 있다. 무엇보다 가장 나쁜 악덕은 검찰 수사가 자의적이라는 점이다. 이건 지금까지 우리가 숱하게 봐왔던 검찰의 제 식구 봐주기나 내로남불과는 차원이 다른 최악의 상황이다. 검찰이 이렇게 대놓고 조직 이기적이고 자의적인 수사를 무리하게 할 수 있는 빈틈이 우리 민주주의에 존재하는 것이다.

'상당성의 원칙' 현저히 위배한 수사

나는 윤석열과 검찰을 이 시대의 난신(亂臣)으로 규정한다. 윤석열 검찰은 조선시대 예송논쟁에 비견할만한 디테일을 들이대며 나라를 어지럽히고 국정을 무력화했다. 유재수 전 금융위 국장 감찰 중단이 청와대 업무상 정당한 판단인지 직권남용인지가 이렇게 떠들썩하게 나라를 뒤흔들어야 할 대단한 권력형 비리였던가. 검찰도 감히 그렇게 주장하지 못할 것이다. 만약 이것이 범죄가 된다면 윤석열의 한동훈 감찰 방해는 더욱 심각한 범죄다. 감찰을 중단한 행위와 감찰을 방해한 행위 중 죄의 무게를 따진다면 당연히 후자가 더 무겁다. 감찰 중단은 기껏해야 의무를 게을리 한 소극적 행위지만 감찰 방해는 국가의 공권력 행사를 막은 적극적 범죄 행위다.

김기현 전 울산시장 하명 수사 의혹은 또 어떤가. 경찰은 지역 사회에 파다하던 비리 혐의를 수사한 것일 뿐이라고 반박했다. 〈뉴스타파〉 취재에 따르면, 경찰보다도 먼저 검찰이 이 사건 수사에 착수했으나 유야무야했고, 경찰이 수사에 착수한 것은 거의 1년여 뒤라고 한다. 하지만 국힘 관련 사건이 대부분 그렇듯 검찰은 무혐의 처분을 내렸다. 울산지검이 김기현 쪽 편을 들어준 것 아닌가라는 의심마저 나왔다. 그러나 윤석열 검찰은 당시 자유한국당이 황운하 울산지방경찰청장(현 더불어민주당 의원)을 고발한 사건을 울산지검에서 서울중앙지검으로 재배당하며 적극적으로 수사했다. 이 과정에서 청와대 직원 한 명이 극단적 선택을 하기도 했다.

윤석열 검찰은 제기된 의혹도 아닌 검찰발 인지수사를 남발하며, 형사소송법의 '상당성의 원칙'에 어긋난 무리한 수사를 통해 끊임없이 정치적 소음을 양산했다. '수사의 수단은 추구하는 목적에 적합해야 한다'는 수사비례의 원칙에 비춰 검찰의 행태는 과도하고 무리하다는 의미에서 상당성을 잃었다는 비판을 면하기 어렵다.

예송논쟁이 조선의 국력을 낭비하게 하고 재난을 초래했듯이, 검찰의 무리한 수사 또한 그러하다. 조국 수사의 실무 책임을 진 부장검사는 마치 조폭처럼 휘하 검사들을 떼로 몰고 법정에 나가 재판장을 겁박하는 작태를 벌이더니, 재판부를 상대로 고발장이 제출되자 정식 배당하고 수사를 검토하겠다고 했다. 정경심 기소장 변경을 불허했다고 보복 수사를 예고한 것이다. 갈 데까지 간 수사권 남용 실태가 여기 있다. 선출 권력인 대통령도 무시하는데 그깟 법원이 무서울까. 오만방자하고 안하무인의 검찰 행태가 극단으로 치달았다. 오로지 자신들의 밥그릇 지키기에만 혈안이 된 파렴치한 이기적 집단이 바로 윤석열 검찰이었다.

파탄난 검찰 중립(독립) 주장

김대중 정부 시절에는 '검찰 독립' 주장이 유행했다. 주로 검찰(지상)주의자들 입에서 나온 주장이었다. 그런데 법무부의 일개 외청에 불과한 검찰이 독립한다면, 검찰을 누가 어떻게 통제할 것인가라는 반문이 생겼다. 결국 선출 권력의 통제를 받을 수밖에 없는 것 아닌가라는 반론이었다. 그러자 말을 바꿔 정치적 중립이라는 주장이 나왔다.

유사 이래 최상급의 독립성을 누렸던 윤석열 검찰은 역설적으로 검찰의 정치적 중립이 얼마나 허구적인 개념인지 스스로 폭로했다. 중립이란 어느 쪽에도 치우치지 않는 것이다. 검찰은 중립을 보장하는 정부를 향해 칼끝을 겨누는 일이 중립성을 지키는 것인 양 으스댔지만, 이건 중립이 아니다. 중립을 보장하는 정부에서만 가능한 '시한부' 중립이다. 결과적으로 중립을 보장할 생각이 없는 국민의힘 세력에게만 편파적으로 유리한 '반쪽' 중립이다.

윤석열 검찰이 최대치로 키운 건 중립성이 아니라 편파성이다. 이제 검찰의 정치적 중립성이라는 구호는 시효가 끝나 버렸다. 중립의 실체가 드러났기 때문이다. 검찰은 스스로 중립을 지킬 수 없다는 사실이 확인됐다. 더구나 검찰이 검찰을 위해서 칼을 드는 친검 편파적 수사는 검찰 중립이라는 가치의 재구성을 강력히 요청하고 있다.

국민 통제라는 목줄

일명 '개통령'으로 불리는 강형욱씨가 출연하는 티브이 프로그램에 주인을 위협하고 물기까지 하는 삽살개가 문제견으로 등장한 적이 있다. 덩치가 워낙 크고 사나워서 개가 방문을 막고 있으면 엄마 아빠도 드나들 수 없었고, 고등학생 자녀들은 으르렁거리며 몸 주위를 도는 개 앞에서 벌벌 떨고 있었다. 강형욱씨는 이 개가 주인들을 존중하지 않고 자신이 이 집을 지배한다고 생각하고 있다고 진단했다. 강형욱씨가 제시한 해법은 목줄을 세게 쥐는 것이다. 주인보다 앞서서 달리려고 하거나 입마개를 벗으려고 할 때마다 강씨는 목줄을 세게 낚아채 개를 제지했다. 이 행동을 반복하니 개가 얌전해졌다. 주인의 통제가 먹히기 시작했다.

과거 정부들처럼 검찰 출신 청와대 민정수석을 내세워 검찰을 장악하라는 얘기가 아니다. 만악의 근원에 해당하는 검찰의 권력 독점을 깨고 국민이 실질적으로 통제할 수 있는 방안을 마련하자는 얘기다. 수사와 기소, 재판이라는 정의구현 과정을 소수의 법률 엘리트가 독점하고 있는 비민주적 시스템을 혁파하여, 투명하고 정의롭게 인권이 보장될 수 있도록 완전히 판을 새로 짜야 한다.

강형욱씨에 따르면, 주인 행세하는 개를 통제하는 데 필요한 주인의 자세가 하나 더 있다. 개가 으르렁거려도 겁먹지 않는 것이다. 검찰은 기형적으로 발전해온 우리 민주주의의 빈틈이다. 국민 스스로 비뚤어지고 터진 곳들을 바로잡고 메워왔듯이 검찰이라는 빈틈도 메울 수 있다. 으르렁거려도 겁먹지 말자. 늑대는 집안에서 키울 수 없다. 검찰의 새로운 주인은 검찰 자신이 아니고 국민이어야 한다.

윤석열의 내로남불 vs 조국의 내로남불

―

갱스터 무비의 고전 〈대부〉 시리즈부터 〈아이리시맨〉(2019)에 이르기까지, 모든 조폭 영화에는 지극한 가족주의와 비정한 폭력의 세계가 공존한다. 무자비한 폭력을 행사하던 깡패가 집으로 돌아와 따뜻한 아빠가 되고, 가족의 원수를 갚기 위해 무차별한 복수의 화신이 되기도 한다. 하나의 캐릭터가 동시에 시연하는 극단적인 심리와 행동에 관객들은 모순된 정서를 경험하지만, 위화감을 크게 느끼지는 않는다. 등장인물에 자연스레 감정이입이 이뤄지는 것이다. 이 모순된 정서가 지금 여기서는 '내로남불'이라는 진부한 조어로 불린다. 사실 대부분의 관객은 등장인물의 행동에서 모순이나 괴리를 알아차리지도 못한다. 내로남불은 이기적 유전자라는 인간의 원형질과 관련이 있는, 존재의 숙명 같은 행동양식이기 때문이다. 팔은 안으로 굽고, 모든 인간과 인간이 만든 조직은 내로남불에서 자유로울 수 없다. 인간 세계의 부조리함은 제도와 시스템으로 줄일 수는 있지만 근절할 수는 없다. 민주주의 제도가 상호 견제와 감시를 전제로 짜여 있는 이유가 여기 있다.

내로남불은 유무의 문제가 아니라 질량의 문제다. 그리고 그 질량의 눈금에 따라 사회적 처분과 평가가 합당하게 이뤄져야 이성적인 사회라고 할 수 있다.

윤석열 장모 사건의 패턴

윤석열 검찰총장의 장모가 연루된 것으로 보도된 사건들은 일정한 패턴을 갖고 있다. 모두 단독 사업이 아닌 '동업'이며, 동업자와 '반드시' 송사가 생기고, 소송 결과 '장모만' 처벌을 면한다는 것이다. 우연치고는 매우 확률이 높은 우연이다. 엄청난 자산가라고 알려진 윤 총장 부인과 장모의 재산이 예의 동업을 통해서 형성된 것인지는 아직 확인되지 않았다. 분명한 건, 동업자들이 감옥에 가는 등 만신창이가 되는 동안 윤 총장 식구와 재산은 건재했다는 사실이다(장모의 법정구속은 추미애 법무부 장관 취임 이후다).

윤석열과 조국의 내로남불을 직접 비교하는 게 가능하냐는 반론이 있을 수 있다. 전자는 아직 의혹 수준이고, 후자는 상당 부분 사실이 드러나 있다는 반론 말이다. 내가 논의의 출발점으로 삼고 싶은 지점이 바로 그 대목이다. 윤석열 검찰이 '아직 의혹 수준'에 불과했던 조국 일가의 스캔들에 어떻게 대응했는지가 '윤석열 내로남불'의 핵심을 구성하기 때문이다.

권력형 비리 예단한 실패한 수사

윤석열 검찰은 법무부 장관 청문회가 시작되기도 전에 수사에 뛰어들어 정치적 개입을 했고(국민의 선택권 방해), 사문서위조 공소시효 만료 직전 피의자 소환도 없이 전격 기소를 강행했으며(형사 절차 무시), 전국 100여 곳에 이르는 전방위 압수수색을 통해 한 가족을 탈탈 털었다(수사 비례성·상당성 원칙 위반). 이밖에 무리한 별건 수사와 무차별한 피의사실 공표를 통한 여론전 등 과도하다고 적시할 수 있는 점이 한둘이 아니었다. 이렇게 막대한 수사력을 쏟아 부었는데도 조 전 장관의 권력형 비리는 드러난 게 없다. 권력형 비리를 예단한 수사로서 총체적으로 실패한 수사였다. 인사청문회 과정에서 제기된 의혹에 대해 검찰이 수사에 착수한 사건은 내가 알기로 조 전 장관이 사실상 유일하다.

수십 가지 의혹이 나왔던 이동흡 헌법재판소 소장 후보자의 경우 박근혜 정부 당시 야당의 강한 비판으로 검찰이 수사에 착수하는 듯 했으나, 후보자를 사퇴한 뒤 여론이 잠잠해지자 무혐의 처분을 내리고 수사를 끝냈다.

개 버릇 남 못 주는 검찰

이에 반해 윤석열 처가 의혹에 대한 검찰의 대응은 어떠했던가. 의정부지검은 350억 원대 잔고증명서 위조 의혹 사건을 2019년 10월 넘겨받고도 뭉개고 있다가 언론보도가 나가자 공소시효(2020년 3월 말) 직전에야 수사에 착수했다. 조용히 공소시효가 지나면 '공소시효 도과로 공소권 없음' 처리하려는 의도가 아니었을까. 잔고증명 위조에 윤석열의 부인 김건희(개명 전 김명신)씨가 직접 관여한 사실은 이미 재판을 통해 밝혀진 상태다. 같은 사문서위조 의혹 사건을 공소시효 직전 피의자 소환도 없이 전격 기소했던 검찰의 패기는 이 사건에서는 발견할 수 없었다.

또 다른 사건인 서울 송파 스포츠센터 채권 사기 의혹 사건의 경우 서울중앙지검과 의정부지검이 서로 탁구하듯 사건의 이첩을 반복했다. 총장 장모 사건이니 모두 부담스러워하는 기색이 역력했다. 김기현 전 울산시장 관련 사건은 울산에서 서울로 가져와서 청와대까지 압수수색 하더니, 윤 총장 가족이 연루된 사건은 서로 수사하지 않겠다고 핑퐁게임을 한 것이다.

어떤 내로남불이 더 나쁜가

대충 둘 다 나쁘다는 양비론을 펼치거나, 엘리트들끼리의 정치적 다툼에 불과하며 그들만의 리그에 끼지 못하는 소외된 이웃이 중요하다고 말할 수도 있겠지만, 그건 비겁한 회피라고 생각한다. 질문을 바꿔보자. 우선순위를 정한다면, 검찰이 수사권을 발동해야 할 대상은 둘 중 어느 쪽인가.

만약 피해자(라고 주장하는 사람)들의 말이 사실이라면, 이건 검사 사위(또는 양재택 전 서울남부지검 차장검사)의 권세를 이용한 전형적인 권력형 비리라고 할 수 있다. 그런데 검사 앞에만 서면 두부처럼 물러지는 검찰은 조국 사건 때처럼 대대적인 압수수색은커녕, 수사를 하는지 마는지도 알기 어려운 정도다. 민주화 이전에는 정치권력 자체가 조폭이었고, 군부와 정보기관, 경찰과 검찰은 그 손발에 불과했지만, 이제 사정이 달라졌다. 법보다 주먹이 먼저이던 시대가 가고, 법이 곧 주먹이 된 사회에서, 법을 집행하는 검찰이 법 위에 존재하게 됐다. 치외법권 지대가 된 검찰은 법을 어겨도 걸리지 않는다는 생각이 있었기 때문에, 피의자를 봐주는 대가로 성관계를 하고, 친구에게 수천억 원의 주식도 증여받고, 김광준 검사처럼 희대의 사기꾼 조희팔로부터 받은 돈으로 주식 투자도 할 수 있는 것이다. 경찰이 신청한 김광준 검사의 계좌추적 영장을 기각한 게 당시 서울중앙지검 특수1부장 윤석열이다. 가장 심각한 내로남불 조직은 검찰이다.

검찰은 늘 정치를 해왔다

윤석열 총장 취임 이후 두드러진 현상은 검찰이 수사를 수단으로 정치의 주요 플레이어로 등장했다는 점이다. 검찰 개혁 저지를 위해 직접 나선 것이다. 조국 수사 당시 검찰이 정치를 하고 있다고 어떤 정치인이 일갈했지만, 사실 검찰은 늘 정치를 해왔다. 권위주의 정권 시절에는 정권(청와대 민정수석실)과 행동을 같이했기 때문에 검찰의 정치 행위가 잘 드러나지 않았을 뿐이다. 박근혜 정부 시절 세월호 참사 초기 수사를 유병언과 구원파 잡기로 변질시켜 청와대를 (물론 일시적이었지만) 구조 책임론에서 자유롭게 해줬고, '십상시 문건'이 폭로됐을 때는 문건 유출자 색출 수사로 방향을 틀어 국민의 관심을 문건 내용으로부터 멀어지게 했다. 이런 프레임 전환이 검찰의 주특기다.

2020년 3월에는 코로나19로 온 나라가 혼미한 사이, 김학의라는 10년 묵은 검찰의 숙변을 해결했다. 김학의 전 법무부 차관의 성폭행(특수강간치상) 혐의에 대해 무혐의 처분을 내린 것이다. 무혐의 결론은 두 달 전인 1월 이미 내려놓았다고 한다. 욕을 덜 먹을 수 있는 때를 기다린 것이다. 검찰이 뒤가 구리거나 뭔가 켕기는 사건을 비 오는 날 폐수 버리듯 하는 건 흔히 있는 일이다. 이런 식의 여론 조작(이건 조작 축에도 끼지 못할 테지만)은 검찰로선 식은 죽 먹기다. 대검의 높은 자리에 앉아 있는 분들이 밥 먹고 하는 일이 이런 식의 정무적 판단이다. 이들은 무엇이 검찰 조직에 유리한지, 어떻게 난관을 돌파할 것인지, 혹은 어떻게 프레임을 바꿀 것인지를 토론하고 실행하는 달인들이다. 지금 당장에라도 정치인 누구 하나 날리겠다고 마음먹으면 묵혀뒀던 파일 하나 꺼내 간단히 해치울 수 있다. 뉴스에 목마른 언론이 가세하면 정세나 여론 바꾸는 건 일도 아니다. 아니나 다를까, 얼마 뒤 검찰은 김학의 출국금지 조처가 불법으로 이뤄졌다며 사건의 프레임을 뒤바꾸는데 성공했다.

개혁 저항하는 검찰은 민주주의의 적

깡패에게 조직은 확장된 가족이다. 미국 갱들의 패밀리, 한국 조폭이 식구라고 부르는 그것이다. 이들은 같이 벌어 같이 먹고 사는 이익공동체이며, 함께 살고 함께 죽는 운명공동체다. 조폭들도 나름의 정의감과 사랑이 있지만, 선한 감정은 패밀리의 담장을 넘지 않는다.

개명한 한국 사회에서 조폭에 비견할 수 있는 유일한 조직은 검찰이다. 전국적 조직을 갖고 있으며, 두목의 명령에 따라 일사불란하게 움직이기 때문만은 아니다. 이들은 전관예우라는 공통의 먹거리로 연결된 이익공동체이며, 수사권과 기소권이 분리되면 밥그릇이 절반으로 줄어든다고 믿는 운명공동체다.

아직 검찰 개혁은 시작되지도 않았다. 검찰에 힘이 쏠린 이유 중 하나인 구속 위주의 사법 관행 혁파, '유전무죄' 사법 불평등의 다른 이름인 전관예우 타파, 검찰 전관예우의 밑바탕인 수사권과 기소권 분리, 기소배심 도입 등 사법 민주화, 피의자 권리의 대폭 강화 등 중대한 개혁 과제가 남아 있다. 검찰 개혁은 이 나라의 민주주의 발전과 동의어라고 나는 생각한다. 여기 저항하는 검찰은 민주주의의 적으로 규정할 수밖에 없다.

그런데 윤석열 장모와 부인은?

역사가 두 번 반복된다는 마르크스의 말은 수정되어야 한다. 나폴레옹 1세의 비극과 나폴레옹 3세의 희극, 박정희의 비극과 박근혜의 희극처럼 일정한 시차를 두고 두 번 반복되는 역사가 있는 것은 사실이지만, 대부분의 역사는 '특이점'이 올 때까지 '무한 반복'된다고 하는 게 진실에 더 가깝지 않을까.

윤미향과 정의기억연대(정대협)에 대한 언론의 과잉 왜곡 보도와 검찰의 수사 착수, 그리고 진보의 분열은 리버럴이 집권하면 '무한 반복'되는 낯익은 풍경이 됐다. 노무현 서거 사건부터, 정연주 KBS 전 사장에 대한 억지 기소, '조국 사태'와 윤미향 사건에 이르기까지 우리 사회의 '진보 죽이기'는 일정한 패턴이 있다. 발화점이 정권의 보복이든 내부자의 폭로든 상관없이 기름을 붓는 건 언론이며, 처음에는 어느 정도 사실에 기반을 둔 의혹 제기의 성격을 띠다가, 보도 경쟁이 심해질수록 사실과 거짓이 뒤섞이고, 표적이 된 사람을 악마화하는 패턴을 반복한다. 그리고 데우스 엑스 마키나(deus ex machina), 검찰이 등장한다.

이것은 현대판 조리돌림이다

윤미향과 정의기억연대가 30년 동안 해온 일이 있으니 건드리지 말라는 얘기가 아니다. 시민단체도 회계 처리는 제대로 해야 한다. 시민들의 기부금은 더욱 철저히 관리해야 한다. 비리가 있다면 합당한 책임을 지고 처벌을 받아야 한다.

문제는 언론의 과도한 보도 행태다. 윤미향 아버지에게 안성쉼터 관리를 맡긴 행위 자체는 부적절했지만, 한 달에 100만원 안팎의 수고비 받은 걸 마치 연봉 7천만 원이 넘는 것처럼 10년치를 합쳐서 제목을 뽑거나, 특정한 의도를 가진 사기꾼의 말을 인용해 거짓 보도(BTS 팬클럽 협찬품, 할머니들 못 받았다)를 일삼는다. 정의기억연대 활동가의 연봉이 경실련보다 몇 백만 원 많다는 둥 기부금 낭비 프레임을 부각하려 애쓰기도 한다. 시민단체 활동가들은 연봉 3천만 원이 넘으면 안 된다는 건지, 기사를 쓴 〈문화일보〉에 묻고 싶다. 문화일보의 평균 연봉은 그 두 배가 넘을 것이다. 사회적 가치를 따져보면, 문화일보와 정의기억연대 활동가의 연봉 숫자는 서로 맞바꾸는 게 정의롭다고 나는 생각한다.

홍위병들의 조리돌림처럼 모욕적으로 자행되는 언론의 양아치 행태는 손을 써볼 도리가 없다. 일단 언론의 표적이 되면 인생이 송두리째 무너진다. 도덕적인 척했던 부도덕한 인간이 되어 손가락질의 대상이 된다. 해명해봐야 소용없다. 비틀어서 다시 공격할 재료로 삼기 때문이다. 사후에 사실이 아닌 것으로 드러난다고 해도 이미 집은 불타버린 뒤라서 사람이 상하거나 지붕은 무너진 상태다. 언론은 정정보도나 명예훼손 소송 따위 두려워하지 않는다.

기이한 침묵 vs 과도한 마녀사냥

탐사에디터로 일하면서 김성태 전 자유한국당 대표 딸의 KT 취업 특혜 의혹을 제기하는 기사를 내보낸 적이 있다. 김성태가 반박했고, 우리는 재반박했다. 김성태의 반박은 거짓말로 가득 차 있어서 대응하기 쉬웠다. 우리를 힘들게 한 건 다른 언론들의 냉담한 무관심이었다. 새로운 의혹을 추가 보도해도 마찬가지였다. 신문사 내부에서조차 "무리한 기사"라는 비판이 나왔다. 믿을만한 복수의 취재원 증언이 있었고, 여러 차례 교차 검증했으며, 딸과의 통화(처음에 멋모르고 받은 전화였는데, 우리에게 확신을 준 통화였다) 등 충분히 자신이 있다고 생각했지만, 다른 언론사들이 따라오지 않으니 맥이 빠졌다. 외로웠다. '기이한 침묵'의 시간이 석 달이나 지나고, 검찰 수사가 진전되고 나서야 '이달의 기자상'을 받을 수 있었다.

하지만 검찰은 아주 천천히 수사를 진행하며 김을 뺐고, 소환은 철저히 비공개로 했다. 이른바 '조국 사태' 이전이어서 주요 사건은 공개 소환이 원칙이던 시절이었다. 검찰이 좋아하는 구속영장도 이때는 청구하지 않았다. 언론은 딸의 사생활을 파헤치지 않았다. 김성태는 불구속 상태로 재판을 받으며 티브이 정치 토크쇼 패널로 출연했고, 윤미향의 재산 형성 의혹을 제기했다. 똥 묻은 개가 따로 없다. 국민의힘 계열 인사들의 경우 이런 예는 너무 많아서 열거하자면 끝이 없다. 예를 들어 이혜훈은 바른정당 대표가 된 뒤 금품수수 의혹이 제기되자 대표를 사퇴했고, 언론은 더 이상 취재하지 않았다. 검찰은 수사에 착수하지 않았다. 이혜훈도 요즘 티브이에 나와 합리적 보수 행

세를 한다. 누구도 그의 티브이 출연이 부적절하다고 지적하지
않는다.

보수의 파렴치와 진보의 염치

왜 언론은 보수인사들의 부정과 비리에 이토록 관대한가. 왜
진보인사는 배우자와 자녀는 물론, 사돈의 팔촌까지 털려가며
조리돌림을 당하는가. 진보는 보수의 부패를 비판해 왔으니까
스스로 부패하면 죄가 더 무거워지나?´ 물론 그런 측면이 있다.
그렇다면 진보의 내로남불을 비판하는 보수의 내로남불 역시
무겁게 비판해야 한다. 하지만 우리가 목도하는 현실의 비대칭
은 현기증이 날 정도로 차이가 심하다. 아버지의 땅 투기에 연
루된 의혹으로 의원직을 사퇴한 윤희숙 전 국민의힘 의원, 아들
이 화천대유에서 퇴직금 명목으로 50억원을 받아 역시´의원직
을 사퇴한 곽상도 전 국민의힘 의원의 뻔뻔함을 보라. 이 비대
칭의 비밀을 쥐고 있는 열쇳말이 바로 '염치'다.

언론들이 보도 경쟁을 하며 전국적인 사안이 되는 경우는 보
수언론과 진보언론 가릴 것 없이 다 함께 뛰어들 때다. 그런데
보수언론은 진영논리라는 개념조차 없어서 보수인사의 부정비
리에는 쉽게 눈감고, 진보인사의 부정비리에는 사력을 다해 달

려든다. 진보언론은 진보인사의 부정비리를 보수인사의 그것과 똑같이 대해야 한다고 생각한다. 결과적으로 진보인사의 부정비리는 보수언론과 진보언론이 합세해 금세 전국적 사안이 되지만, 보수인사의 그것은 묻혀 버린다. 족보를 뒤지는 연좌제 성격의 추국(推鞠)형 보도는 보수언론의 전매특허이므로 보수인사에게는 적용될 일이 없다. 보수언론의 파렴치와 진보언론의 염치가 언론 보도 불균형의 주요 원인이다. 뻔뻔한 보수보다는 부끄러워 할 줄 아는 진보가 때렸을 때의 타격 효능감도 더 클 것이다. 곽상도나 윤희숙처럼 잘못을 인정하지 않고 뻔뻔하게 구는 보수에게 한국 언론은 언제나 관대하다. 추적 보도도 없고 집 앞에서 24시간 대기하는 뻗치기도 하지 않는다.

진보언론 비난하는 시민의 마음

진보언론이 염치를 버려야 한다는 주장이 결코 아니다. 진영논리를 경계하며 엄정한 저널리즘의 원칙을 지켜야 한다. 다만 진보언론을 비난하는 시민의 마음은 헤아려 볼 필요가 있다. 시민들은 진보언론에 이렇게 묻고 있다. '왜 진보를 비판할 때의 열정과 의지가 보수를 비판할 때는 보이지 않는가?' '왜 윤미향의 재산 형성 의혹은 파헤치면서 윤석열 처가의 재산 형성 의혹은 파헤치지 않는가?' 이들의 요구가 진영논리로 보이는가.

나는 그렇게 생각하지 않는다. 이들은 언론 보도에서 최소한의 균형과 공정성을 요구하는 것이다. 역차별을 해소해달라고 호소하는 것이다. 파렴치한 보수언론에는 기대할 게 없으니 욕을 해서라도 진보언론의 변화를 요청하는 것이다. 윤미향 관련 취재를 하지 말라는 얘기가 아니다. 윤석열 처가 관련 의혹도 같은 비중으로 취재하란 얘기다. 대장동 의혹 만큼 열정적으로 고발사주 의혹도 취재하란 얘기다.

지금 최고 권력은 누구인가

김영삼 정부나 김대중 정부 때만 해도 정권이 바뀌면 언론들은 청와대가 '사정의 칼'을 휘두른다고 보도하곤 했다. 검찰을 동원해 정권 안팎의 정적을 쳐내는 광경을 묘사한 것이다. 하지만 윤석열 총장 시절 칼을 휘둘렀던 건 대통령이 아니라 검찰총장이었다. 당시 윤석열 총장은 문재인 대통령 위의 권력이었다. 그런데 그 최고 권력자가 처가의 수상한 재산 형성 과정에서 영향력을 행사한 의혹이 있었다. 피해자가 여럿 존재하고 아직 진상이 명확히 밝혀지지 않았다. 그런데도 왜 진보언론은 취재하지 않는가, 시민들은 물었다. 권력 감시가 언론의 본령이라면 검찰 권력이야말로 감시하고 견제해야 할 대상이 아닌가 물었던 것이다. 검찰총장이 정의기억연대 회계부정 의혹 사건을 신속히 수사하라고 지시한 날, 나는 해시태그를 달고 싶었다. **#그런데윤석열장모와부인은?** 이 해시태그는 윤석열이 대선후보로 선출된 지금도 여전히 유효하다.

의사와 검사들의
노블레스 계급투쟁
—

2020년 의사들의 이기적이고 유아적인 집단행동을 보면서 울화가 치민 사람이 나뿐만은 아니었을 것이다. 한국사회가 쌓아 올린 학력주의라는 바벨탑의 꼭대기에서 자칭 '전교 1등'들이 벌인 광란의 질주는 병들어 있는 우리 사회의 자화상을 돌아보게 했다. 더 높이 올라가 더 많이 먹겠다는 저들의 탐욕이 아무런 수치심 없이 전국에 생방송 되는 현실이 나는 참을 수 없을 만큼 부끄러웠다.

의사들의 집단행동을 보면서 검사들을 떠올린 것도 비단 나뿐만은 아닐 것이다. 같은 '사짜'라서만이 아니다. 학력 경쟁에서 승리했다는 이유로 부와 권력의 독식을 당연하게 생각하는 오만함과 자신들이 이 나라의 시스템을 결정하는 주체인 것처럼 사고하는 비민주적 성향이 닮아 있었다. 우리 사회는 의사와 검사(판사) 등 이른바 '사짜'들의 부와 권력을 보장해 왔다. 2019~2020 검란(檢亂)과 의란(醫亂)은 정부가 그 공고한 기득권에 균열을 내려 하자 벌어진 도발이다. 나는 두 노블레스 집단의 이기주의로 대표되는 '부자들의 계급투쟁'이 우리 민주주의와 직결된 문제라고 생각한다.

'내로남불'과 '진영논리'라는 방패

의대 정원 확대를 반대하는 의사들의 집단 진료거부가 밥그릇 싸움이라는 점은 대체로 쉬이 인정하지만, 윤석열 검찰의 검찰개혁 저지 투쟁이 밥그릇 싸움이었다는 데는 토를 다는 사람이 의외로 많다. 의사들의 경제투쟁과 달리 검사들의 경제투쟁은 정치투쟁(권력감시)의 외피를 쓰고 은밀하게 벌어지기 때문이다. (검찰의 경제투쟁이란 수사권과 기소권을 양손에 쥐고 있어야만 여의봉처럼 효과가 극대화하는 전관예우 시스템의 영속화이며, 그것을 분리하려는 검찰개혁 시도를 분쇄하기 위한 투쟁이다. 의사들이 밥그릇을 지키기 위해 진료권을 버렸다면 검사들은 밥그릇을 지키기 위해 수사권을 남용했다.) 사안이 크든 작든 권력감시라는 명분이 있는 한 검찰은 일종의 '까방권'을 천부인권처럼 보유하게 된다. 예를 들어 검찰의 조국 일가 수사는 정치적 목적을 가진 무리한 수사였음이 드러났지만 윤석열 검찰을 향한 비난이 크지 않았던 이유가 여기 있다. 결국 개혁을 하려면 티끌 같은 잘못도 있어선 안 된다는 논리가 성립하게 됐다. 이렇게 되면, 누군가에게 과도하게 주어져 있던 부와 권력을 나누는 개혁은 백 년이 지나도 성공할 수 없을 것이다. '내로남불'과 '진영논리'라는 비판은 반개혁 수구세력이 휘두르는 전가의 보도이자 방패가 되었다.

정치적 순수주의에 빠진 원리주의자들

문제는 진보 인사들 사이에서조차 인식의 차이가 크다는 점이다. '내로남불'과 '진영논리'에 대한 판단이 세상의 전부가 돼버린 진중권이나 서민 같은 사람은 이미 레테의 강을 건너가 버렸다. 그런데 또 다른 차원의 균열이 보이기 시작했다. 예를 들어 한 진보적 경제학자는 페이스북에 이렇게 썼다.

"검찰개혁? 중요하다. 그러나 불평등 위기보다 중요한가? 3년 넘게 종부세 안 올린 게 촛불 정부인가? 언론 개혁? 중요하다. 조중동은 악성 바이러스, 맞다. 그러나 기후위기보다 중요한가? 3년 넘게 4대강 보도 그냥 두는 게 촛불 정부인가?"

불평등과 기후위기가 검찰개혁이나 언론개혁보다 더 중요한, 상위의 과제라는 데는 나도 동의한다. 정부는 불평등이나 기후위기 문제에 대해 장기적인 관점으로 국민을 설득하고 정책대안을 제시해야 할 의무가 있다. 문재인 정부가 이에 대해 유능하지 않다는 주장에는 나도 동의한다. (실은 유무능을 따지기 전에 쁘띠부르주아 정당으로서 민주당의 계급적 한계를 지적하는 게 더 정확하다고 생각한다. 주제와 직접 관련이 없으므로 생략한다.) 하지만 불평등과 기후변화의 상대적 중요성을 인정한다고 해서 검찰개혁의 필요성이 사라지는 건 아니다. 차원이 전혀 다른 주제를 견주는 방식의 비판에는 동의하기 어렵다. 검찰개혁은 2016~2017년 촛불항쟁 과정에서 차기 정부 개혁과제 1순위로 꼽혔던 사안이다. 그만큼 우리 민주주의 체제를 위협했던 실체적 위험이었다. 수구세력은 문재인 정부의 검찰개혁 저지를 위해 총력을 집중했다. 그런데도 진보 지식인들 사이에서 이런 인식이 자랑스레 전시되는 현상은 자못 우려스럽다. 나는 그들이 검찰이란 집단의 파괴력과 상징성을 무시하고 있거나 애써 외면하고 있다고 생각한다. 좀 심하게 말하면, 정치적 순수주의에 빠져 환상을 좇는 원리주의자들의 옹알이에 불과하다고 평가한다.

수구세력의 사법적 날개가 된 검찰

수구세력이 검찰개혁 저지에 총력을 기울이는 이유는 길게 설명할 필요가 없다. 검찰이 수구세력의 주요 진지이자 요새이기 때문이다. 군대를 동원한 쿠데타가 거의 불가능해진 상황에서, 공권력 가운데 가장 강력한 물리력(수사권, 영장청구권, 기소권, 형집행권)을 독점하는 검찰을 수구세력은 정치적 반대파를 제거하는 가장 효율적인 수단으로 활용해 왔고, 그 과정에서 둘 간의 정치적 연대가 형성됐다. 여기에 물적 토대를 제공하는 재벌권력이 가세하면서 수구세력의 트라이앵글이 완성됐다. 요컨대, 반검찰개혁 전선은 수구세력 계급투쟁의 최전선이다.

검찰에 있을 때 정의의 사도처럼 행세하던 최재경 같은 이들이 자연스레 재벌의 앞잡이가 되는 상황은 검찰이 수구세력의 사법적 날개가 된 현실을 웅변한다. 비단 최재경만이 아니다. 황교안 같은 공안통들은 권위주의 정권에 복무하면서 정치적으로 활로를 찾았지만, 이종왕 같은 특수통들은 퇴직 후 재벌의 손발이 되어 돈을 버는 쪽을 택했다.

평소 검찰 독립을 목 놓아 부르짖는 열혈 검찰주의자들 가운데 퇴직 후 재벌의 앞잡이가 된 선배 검사를 비판하는 경우를 나는 본 적이 없다. 검찰에 있을 때는 권력을, 퇴직하고서는 부를 누리는 것이 자신들의 당연한 출세 코스라고 생각하기 때문일 것이다.

조선일보가 돌리는 사탄의 맷돌

검찰개혁을 포함한 사법개혁의 최종 목표는 '돈으로 법을 사는 구조'를 바꾸는 것이다. 시민이 수사와 기소를 결정하는 대배심(Grand jury), 재판에 참여하는 배심재판의 전면 도입을 통해 검사와 판사들의 재량을 줄이고 민주적으로 통제하는 것이다. 핵심 고리는 이름도 아름다운 '전관예우'를 혁파하는 것이다. 하지만 문재인 정부는 검찰을 길들여 자신의 칼로 사용하는 쪽을 택했고, 그 칼에 제 손을 베었다.

다시 서론으로 돌아가 보자. 의사들의 집단행동은 대체 누가 저들을 이토록 뻔뻔한 공감력 제로의 괴물로 만들었는가, 라는 질문을 우리 사회에 던졌다. 때마침 전교조가 받아든 대법원의 파기 환송 판결은 이 땅에도 한때 참교육을 향한 열망이 있었으며, 경쟁 일변도의 숨막히는 승자독식이 아닌 다양성과 협동의 중요성을 가르쳤던 선생님들이 있었음을 상기하게 했다. 너무나 오랜 고통 끝에 뒤늦게 찾아온 정의 앞에 전교조 선생님들은 기쁨보다 망연자실한 감정이 더 크지 않았을까, 나는 홀로 안타까웠다. 그리고 전교조를 빨간색으로 색칠하고 악마화하는데 앞장섰던 〈조선일보〉를 떠올렸다. 그 시각에도 조선일보는 의사들의 집단행동을 옹호하고 정부를 규탄하느라 시커먼 지면을 궤변과 거짓으로 채우고 있었다. 노동자들의 파업을 맹비난하던 입으로 의사들의 파업을 지지하는, 그 일관된 비일관성만은 인정해주어야 하는 것일까. 과정이야 어찌 되었든, 전교조와 386세대는 조선일보와의 싸움에서 졌다. 패배했을 뿐 아니라 스스로 기득권의 일부가 되었고, 2030세대는 386보다 더 철저하게 성과주의에 빠져있다. 학력주의가 지배하는 이성의 폐허에서 우리는 다시 일어설 수 있을까. 조선일보가 돌리는 사탄의 맷돌을 멈출 수 있을까. 만약 그럴 수 있는 방안이 있다면, 나는 진영논리라는 비난을 감수하고서라도, 기꺼이 그 편에 서겠다.

검찰개혁이 최전선이 된 이유

박근혜 탄핵 촛불항쟁이 한창일 무렵, 경남 창원에서 열린 소규모 집회를 영상으로 본 적이 있다. 자신을 비정규직 노동자라고 소개한 청년이 연단에 올라 청중에게 물었다. 박근혜가 탄핵당하면 나의 삶은 나아지는 거냐고, 최저임금에 고용마저 불안한 나의 삶이 바뀔 수 있는 거냐고. 나는 그가 면전에서 묻는 것처럼 느껴져 마땅한 답을 찾느라 허둥거렸다. 그럴 수 있을 거라는 헛된 희망도, 절대 그럴 일 없을 거라는 냉정한 비관도 답이 될 수 없음을 알았기에 나는 이내 침울해졌다. 그의 낮은 목소리는 그 후로도 오랫동안 뇌리를 떠나지 않았다.

촛불항쟁의 보수적 성격

청년의 낮은 절규는 광장으로 쏟아져 나온 수많은 의제와 열망에 묻혀버렸지만, 우리 사회가 안고 있는 근본 모순을 폭로하고 있다. 대통령 하나 바뀐다고 청년의 삶이 달라지진 않는다. 학력의 서열화와 긴밀하게 연결된 노동의 서열화는 총자본의 요구가 한국 사회에 관철된 결과다. 노동자끼리의 경쟁과 차별이 촘촘해질수록 자본의 지배는 용이해진다. 경쟁과 차별을 내면화한 노동자들은 선망의 눈으로 위를 보며 경멸의 눈으로 아래를 본다. '노오력'도 없이 정규직이 되려는 자들은 염치없는 불한당이 되었고, 앉아서 불로소득을 챙기는 건물주는 초등학생들의 장래희망이 되었다. 촛불 이후 한국 사회는 더욱 빠르게 보수화하고 있는 것처럼 느껴진다.

그런데 정말 갑자기 이렇게 된 것일까? 나는 그렇지 않다고 생각한다. 경쟁과 능력을 숭상하는 신자유주의 바이러스는 오래전부터 우리 사회의 폐 세포 깊숙이 퍼져 있다. 우리가 자랑스러워하는 2016년의 촛불 광장에서도 보수적인 흐름을 확인할 수 있었다. 촛불의 도화선이었다고 평가받는 이화여대생들의 평생교육원 반대 투쟁은 이대 졸업장의 희소성과 순수성을 지키고자 했다는 점에서 주류적이며 보수적인 저항이었다. 이때

맹아를 보였던 2030의 보수성은 몇 년 뒤 이른바 '인국공 사태' 같은 계기를 통해서 본격적으로 분출한다.

촛불의 최대공약수였던 대통령 탄핵도 다분히 보수적인 의제였다고 나는 평가한다. 경쟁과 차별을 강요하는 체제의 작동 원리를 그대로 둔 채 지배그룹의 얼굴을 바꾸자는 요구였다. 박근혜 대통령의 무능과 불통, 부패와 억지에 지친 국민은 자신들의 말을 들어주는 따뜻하고 성실한 대통령을 원했다. 시대가 문재인을 택한 것은 그가 박근혜의 반대 지점에 서 있었기 때문이다. 내가 보기에 문재인 대통령은 선하고 정직하지만 보수적인 사람이다. 선도적으로 이슈를 제기하고 앞장서 해결하기보다는 대중을 따라가는 경향이 강하다. 좋게 말하면 안정적이지만 나쁘게 말하면 답답하다. 과감한 개혁을 바라는 사람들은 불만을 가질 수밖에 없다. 이런 관점에서 나는 지난 대선 때 문재인 후보의 사퇴를 제안했다가 호된 비판에 직면한 적이 있다. 사람들이 원했던 건 강력한 개혁이 아니라 따뜻한 포옹이었던 것이다.

요컨대 촛불항쟁은 경제적 불만이 쌓여 체제 변혁을 요구한 혁명이 아니었다. 백낙청 교수의 제안대로 혁명이라 부른다 해

도, 좀 더 인간적인 얼굴로 지배그룹을 바꾼 명예혁명에 불과했
다고 생각한다.

검찰개혁이 최전선이 된 이유

그럼에도 불구하고 나는 문재인 정부가 좀 더 선명하기를 바
랐다. 촛불정부라는 강력한 상징성과 지지를 바탕으로 좀 더
과감한 개혁을 할 수 있다고 생각했다. 하지만 적폐청산에 치
우쳐 개혁은 뒷전이었다. 반대의 여지가 있는 개혁은 시도하지
않았다. 70%가 마지노선이라는 듯 지지율에 집착했다. 출범 첫
해부터 부동산이 들썩거렸다. 대통령이 부동산 보유세 강화에
반대하는 기획재정부의 손을 들어주자 시장은 미친 듯이 반응
했다. "이러려고 촛불 들었나"라는 탄성이 흘러넘쳤다. 따뜻한
포옹이 가져다준 안도감은 순식간에 사라졌다. 전교조 재합법
화, ILO 핵심협약 비준, 차별금지법 제정 등 주요 진보적 이슈에
대해 문재인 정부는 보수적 태도로 일관했다. 예를 들어 공정거
래위 전속고발권 폐지 방침 철회나 중대재해기업처벌법에 대한
미온적인 대응도 큰 틀에서 같은 흐름에 있다. 이런 보수성은
어느 날 갑자기 생긴 것이 아니라 촛불항쟁 과정에서 이미 잉태
된 것이라고 나는 생각한다.

문재인 정부가 개혁이라고 할 만한 정책을 추진한 게 있는지 애써 떠올려 본다. 4대강 복원을 위해 몇 개(!)의 보를 열었고, 오랜 주저함 끝에 특목고와 자사고를 폐지하기로 결정했으며, 탈원전 공약을 실행에 옮겼다. (공공부문 비정규직의 정규직화는 논점이 너무 많아 생략한다) 탈원전 공약에 대해서는 조선일보와 검찰을 비롯한 수구세력의 저항이 계속되고 있지만, 나라를 흔들어 놓을 정도로 강력하진 않다.

하지만 검찰개혁에 있어서만은 사생결단의 전선이 형성돼 있다. 이게 단지 문재인 대통령과 지지 세력의 의지가 강하기 때문(만)일까. 실상은 그렇게 단순하지 않다. 전선은 혼자 만드는 것이 아니라 상대와의 공방 과정에서 생기는 것이다. 검찰개혁이 최전선이 된 이유는 무엇보다 상대가 강하기 때문이다. 그리고, 그럼에도 불구하고 문재인 정부가 (다른 분야와 달리) 개혁 의지를 꺾지 않고 있기 때문이다. 윤석열 검찰은 리버럴 정부의 딜레마를 정확히 알고 있었다. "살아있는 권력"과의 싸움이란 명분이 검찰의 방패가 되어줄 거란 사실을 알기에 일부러 정권 핵심부에 칼을 겨눴던 것이다. 수구세력은 리버럴 정부의 약한 고리가 된 검찰개혁 전선에 총집결해 있었다. 특권이 특권인 줄도 모르는 괴물이 된 윤석열은 그 대표선수에 불과하다. 유일하게 남은 개혁 전선이라는 지적은 맞지만, 집권세력의 의지만으로 형성된 전선은 아니라는 말이다.

엘리트끼리의 싸움이 아니라 엘리트 카르텔 깨기다

한 사회비평가가 검찰개혁을 주류 엘리트끼리의 싸움이라고 비하하는 글을 봤다. 이 비평가 말고도 이렇게 말하는 사람이 주변에 꽤 있다. 이들은 대체로 노동 문제를 비롯해 불평등 문제에 관심이 많은 분들이다. 문재인 정부가 불평등 문제에 별 관심이 없을뿐더러 오히려 보수적인 경우도 있어서 불만이 많은 것이다. 나도 그렇다. 하지만 그렇다고 해서 검찰개혁이 엘리트들끼리(보수엘리트 : 진보엘리트)의 싸움에 불과하다고 생각하지는 않는다. 진심으로 묻고 싶다. 검찰의 특권과 반칙과 내로남불을 없애는 게 엘리트끼리의 싸움(일뿐)인가. 검찰 출신을 민정수석과 법무부 장관으로 앉혀 노골적으로 검찰을 장악하는 권위주의 정부에선 충직한 개가 되었다가, 검찰개혁을 위해 검찰의 중립을 보장해주는 리버럴 정부가 되면 정부를 물어뜯는 불공정성을 고치자는 게 주류 지향인가. 검찰 고위직 출신 전관들은 변호사 수임도 하지 않고 전화 한 통에 몇 억씩 챙긴다. 검찰이 수사권을 놓지 않으려고 하는 진짜 이유가 여기 있다. 진실을 덮어 이익을 취하는 이 편법적 비리를 근절하자는 게 엘리트끼리의 싸움인가. 오히려 제대로 된 검찰개혁을 이뤄내야만 엘리트 카르텔을 깰 수 있으며, 민주적이고 민중적인 법치주의에 이를 수 있다고 나는 생각한다.

주류가 교체되었다는 헛소리

나에게 2020년 최고의 헛소리를 꼽으라면 박성민이라는 정치평론가의 4·15 총선에 대한 촌평을 들겠다. 총선 며칠 전까지만 해도 민주당이 패배할 거라고 예측하던 그는 총선이 끝나자마자 언론과의 인터뷰에서 이번 총선으로 대한민국의 주류가 교체됐다고 말풍선을 부풀렸다(이런 사람이 여전히 언론의 주요 코멘테이터이자 칼럼니스트로 활약하는 게 지금 우리 언론의 수준이다). 대한민국의 주류가 교체되었다는 주장은 눈뜨고 하는 잠꼬대에 불과하다. 교체된 건 4년짜리 의회와 5년짜리 청와대 등 일부 선출 권력 뿐이다. 교체되지 않는 권력(재벌·언론·관료 등)은 여전히 강고한 수구의 아성이다. 살아있는 권력은 임기가 정해진 선출 권력만이 아니다. 검찰과 삼성, 조선일보야말로 우리 사회의 딥 스테이트가 아닌가. 정부가 검찰개혁을 제외한 다른 사회경제 개혁에 미온적이라고 비판하는 건 온당하지만, 정부가 추진하는 검찰개혁이라고 해서 주류 지향이라고 폄하하거나 비아냥대는 행위는 (의도하지 않았겠지만) 결과적으로 수구의 이익에 복무하게 된다는 사실을 알아야 한다. 검찰개혁을 비판한다고 창원의 청년이 바라는 세상이 빨리 온다고 생각하지 않는다. 우리 영혼을 휘감고 있는 사유재산에 대한 맹신과 능력주의의 허구성을 부수고, 노동자들끼리의 경멸과 질시를 포용과 연대의 정신으로 압도할 때 비로소 그가 바라던 세상에 다가설 수 있을 것이라 믿는다.

두 드라마 이야기

—

지금 한국에서 드라마는 현실의 적수가 되지 못한다. 강한 개성의 캐릭터들이 각본 없이 펼치는 활극 앞에서 픽션은 설 자리를 잃는다. 검경 수사권 조정을 정면으로 조명한 〈비밀의 숲 2〉는 시즌1의 화제성이 무색하게 조용히 지나갔고, 억울한 누명을 쓴 사법 피해자들의 재심을 다룬 〈날아라 개천용〉도 싱겁게 끝나버렸다. 상상을 초월하는 리얼리티가 범람하는 시절에 리얼리즘을 지향하는 드라마의 숙명인가.

이에 반해 검찰개혁이라는 이름의 현실 드라마는 높은 관심을 끌었다. 대통령의 죽음으로 끝난 시즌1에 이은 시즌2에 대해 사람들은 '욕하면서 보는 드라마'라고 푸념하면서도 다음 이야기를 궁금해했다. 〈펜트하우스〉 같은 막장 드라마의 최신 트렌드를 반영해서인지 여러 사람이 목숨을 잃었다.

검찰개혁 시즌2를 평가하자면, 강력한 악역의 등장으로 흥행성은 높아졌으나 작품성은 더 떨어졌다고 말할 수밖에 없을 것 같다. 갈등이 비등점을 향해 끓어오를수록 양쪽의 지지자들만 극단으로 나뉘어 침전되는 현상을 보였다. 서로 약점을 잡고 반전에 반전을 거듭하는 스토리 전개는 흥미진진했지만, 드라마를 끌고 가는 프로타고니스트의 확신과 집념에 대중이 몰입하지 못했다.

양비론을 펼치려는 게 아니다. 윤석열 총장은 그때까지 보였던 편파성만으로 이미 검찰 수장의 자격을 잃은 상태였다. 검사들의 반발에도 관심이 없다. 흔히들 착각하는 대목인데, 그들은 개혁의 주체가 아니라 객체이기 때문이다. 개혁 대상이 동의하는 개혁이란 형용모순이다. 반발은 상수다.

드라마가 끝난 지금, 질문이 향해야 하는 곳은 검찰개혁의 프로타고니스트 쪽이다. 이들은 마치 윤석열만 사라지면 검찰개혁이 완수되는 것처럼 여기는 듯했다. 검찰의 모든 문제는 검찰이 너무 많은 권한을 갖고 있어서 생겨난 것인데, 그 많은 권한을 거의 그대로 두고 인사로 장악하려다 윤석열이라는 뜻밖의 암초를 만난 것은 아닌지, 검찰개혁이 무슨 혁명론처럼 단계적으로 접근해야 하는 사안이었는지(1단계 공수처 설립, 2단계 수사-기소권 분리?), 시즌2 주역들의 근본적인 성찰이 필요하다고 생각한다.

〈날아라 개천용〉은 이 드라마의 작가이자 실제 모델인 박상규 기자(진실탐사그룹 셜록 대표)와 '국선 재벌' 박준영 변호사의 존재만으로 각별하다. 이들은 버젓이 살아 있는 사람들이지만 너무도 예외적인 인물들이어서, 드라마 속 주인공은 완벽한 허구의 캐릭터처럼 느껴진다. 두 사람의 희생적 노력이 아니었다면 지금도 죄인으로 살아야 했을 사법 피해자들은 한글도 모르는 발달 장애 청소년이거나 17살짜리 배달 알바 같은 사회적 약자들이었다. 독재정권도 아닌 김대중 정부 때 실제로 벌어졌던 사건들이다. 경찰과 검찰의 자의적인 수사권 행사를 검증하고 통제할 수 없는 구조는 그때나 지금이나 마찬가지다. 수사와 기소, 재판의 단계마다 비싼 변호사를 살 수 있는 자만이 법의 보호를 받는 현실도 그러하다. 우리 사법 시스템에서 궁극적으로 구현되는 것은 정의가 아니라 돈의 힘이다. 유전무죄 무전유죄의 원칙은 소년원부터 정확하게 적용된다. 돈이 없으면 소년원에 가고 돈이 있으면 집에 간다.

검찰개혁이 밥 먹여주냐고 묻는 사람들은 군부독재 시절 민주주의가 밥 먹여주냐고 물었던 사람들의 후예나 다름없다고 생각한다. 검찰개혁은 엘리트들끼리의 싸움일 뿐 민중의 삶과 무슨 상관이 있느냐고 묻는 이들도 마찬가지다. 검찰개혁이 문제가 아니라, 검찰개혁을 제대로 못 해서 문제인 것이다. 검찰개혁을 비롯한 사법개혁의 진짜 목표는 인권 침해를 권리로 착각하는 권력 기관들의 비민주적 속성을 시민의 참여로 통제하는 것이며(선출권력의 장악이 아니라!), "털어서 명성을 얻고 덮어서 돈을 버는"(이연주 변호사) 합법적 부패를 불가능하게 하는 것이고, 사건을 조작해놓고도 책임지지 않는 관료제의 익명성을 무너뜨리는 일이다. 나는 이제 말을 줄이고 시즌3을 기다리기로 했다.

사자와 하이에나와 검찰의 시간

───

　조용필의 '킬리만자로의 표범'은 하이에나가 썩은 고기만을 찾아다닌다고 노래하지만, 하이에나를 잘 모르고 하는 소리다. 하이에나도 신선한 고기를 좋아한다. 다만 남이 사냥해 놓은 걸 빼앗을 뿐이다. 하이에나가 먹이를 빼앗는 대상은 초원에서의 지위고하를 가리지 않는다. 육상 동물 최고의 주력을 자랑하는 (그러나 빅캣-bigcat-중 서열이 가장 낮은) 치타는 물론이고, 먹이를 나무 위에 숨기는 영리한 표범도, 심지어 백수의 왕이라는 사자도 하이에나의 강도 범죄 피해자가 된다. 떼를 지어 몰려드는 하이에나들에게 암사자 서너 마리쯤은 적수가 되지 못한다. 하이에나는 달리기가 느린 대신, 뼈를 으스러뜨릴 만큼 강력한 이빨과 턱, 먼 곳의 피 냄새도 놓치지 않는 예리한 후각, 탁월한 조직력과 협동심, 절대 포기하지 않는 끈기로 아프리카 사바나의 무법자로 군림한다.

윤석열 검찰은 하이에나였다

촛불의 기억이 희미해지고 땅거미가 내려앉자 개인지 늑대인지 분간이 가지 않는 '개와 늑대의 시간'을 우리는 지나왔다. 지금은 하이에나의 심장이 요동치기 시작하는 어둠의 시간이다. 이제 와 돌이켜보면 윤석열 검찰은 하이에나였다. 뼈까지 으스러뜨리는 강력한 이빨(수사권)과 턱(기소권), 유죄 심증을 끝까지 밀어붙여 탈탈 터는 끈기, 일사불란한 조직력과 협동심을 자랑하는…, 하이에나였다. 특히 윤석열 개인의 행태는 하이에나와 더욱 흡사하다. 자기 새끼(한동훈)와 식구들에 대한 끔찍한 사랑(조직이기주의), 스스로 자기 먹거리를 구하는 생태계의 규칙 따위 아랑곳하지 않는 무법자 행태(감찰 및 수사 방해), 대통령 후보 여론조사를 즐기며 검찰총장 자리를 지켰던 뻔뻔함, 나에 대해서는 관대하고 남에게는 가혹한 이중인격(내로남불) 등 생존을 위해 최적화한 하이에나를 보는 듯하다. 약육강식의 초원에선 미덕일지 모르겠으나 개명한 민주주의 국가의 검찰총장으로는 물론 대통령 후보로도 적철치 않은 악덕들이다.

'살아있는 권력 수사론'의 기만성

그런데도 윤석열이 제1 야당의 대통령 후보까지 될 수 있었던 것은 살아있는 권력을 수사했다는 명분 때문이었다. 이 명분을 위해 검찰은 생명의 피 냄새가 나는 곳으로 굶주린 하이에나처럼 사냥감을 찾아다녔다. 윤석열 검찰이 내세웠던 '살아있는 권력에 대한 수사'가 가소로운 이유는 기만적인 눈속임에 기초한 프레임이기 때문이다. 살아있는 권력 수사에 대한 열망은, 권위주의 정부 시절 검찰이 눈에 뻔히 보이는 정권의 비리조차 봐주기로 일관해서 생겨난 여론인데, 검찰개혁을 위해 권한을 내려놓는 정권이 되면 없는 사건도 만들어내겠다는 투지로 과도한 수사를 벌인다. 이전 정부의 과오가 쌓여 높아진 요구를 개혁 정부가 집권하면 거꾸로 조직 보위의 방패로 삼는다는 점에서 시차를 활용한 일종의 야바위 전략이라고 할 수 있다. 죽은 권력만을 물어뜯던 하이에나가 스스로 싸움을 포기한 사자에게 몰려들어 '우리도 살아있는 권력을 공격할 수 있다'고 으스대는 꼴이다. 비루한 외모의 하이에나가 초원의 무법자가 될 수 있었던 비결은 강한 자에 약하고 약한 자에 강한 '강약약강'의 비굴한 처세에 있다.

살아있는 권력에 대한 수사가 필요 없다는 말을 하려는 게 아니다. 민주주의의 기본 토대로서 공직 사회의 부패 방지는 무척 중요한 과제이고, 선출 권력에 대한 견제가 필요함은 두말할 나위가 없다. 문제는 살아있는 권력에 대한 수사 자체가 아니라, 자기 조직의 생존을 위해 국민이 위임한 수사권을 남용했던 윤석열 검찰의 과도하고 편향적이었던 행태다.

'검찰개혁 속도조절론'이라는 유령

대한민국 국민은 역시 현명해서 윤석열 검찰의 속임수를 꿰뚫어 보았고, 더욱 철저한 검찰개혁을 주문하는 여론이 들끓었다. 더불어민주당이 검찰개혁특위를 띄우고 검찰의 수사권과 기소권을 분리하는 중대범죄수사청 설립 작업에 착수했던 배경이다. 그런데 해괴하게도 청와대와 정부 여당 일각에서 먼저 속도조절론이 흘러나왔다. 최초 출처로 지칭되는 문재인 대통령의 워딩을 몇 번이고 읽어봐도 그게 왜 속도조절로 읽히는지, 속도조절이라면 시속 몇 km까지 줄여야 한다는 건지 알기 어려웠다. 그런데 대놓고 부인하지 않으니 대통령의 속뜻이 그러하다고 짐작할 뿐이다. 대통령의 화법과 소통방식과 현실인식에 실망하지 않을 수 없었다.

엄밀히 말하면, 당시 수사청 설립 국면에서 청와대와 정부의 지분은 없는 거나 마찬가지였다. 문재인 정부는 공수처와 검경수사권조정 정도에서 검찰개혁을 멈추고 싶어했다. 검찰개혁 논의가 여기까지 이르게 된 공을 논한다면, 무리한 수사권 남용으로 근본적인 검찰개혁의 필요성을 역설적으로 입증한 윤석열과 수사-기소 분리를 주창한 시민들의 용기에 돌려야 한다. 손 놓고 있던 청와대가 법안 발의를 눈앞에 둔 상황에서 갑자기 속도를 늦추자는 주제넘은 주장을 하니 어처구니가 없었다.

4·7 재보궐선거에 관계없이 정부 여당이 수사청 설립 방안을 다시 꺼내기는 어려울 것이라고 나는 예상했고, 이 예상은 틀리지 않았다. 통과 시점을 못 박은 것은 섣부른 선택이었을 수 있지만, 법안 발의조차 못 하게 해서 논의 자체를 틀어막은 건 폭력적이었다. 문재인 정부의 마지막 남은 개혁 카드가 이렇게 허공으로 사라졌다.

수사청 설립 반대 금태섭의 자가당착

청와대와 법무부가 속도조절론이라는 공을 쏘아 올리자 친검 언론은 물론이고 진보인 척하는 정치인과 지식인들이 각종 괴변과 아전인수로 드리블을 이어갔다. '헌법정신 파괴' 운운하는 윤석열의 무식함은 언급할 가치도 없다. 모든 주장을 반박할 여유는 없고, 대표 격으로 금태섭 전 의원이 페이스북에 올린 글을 분석해 보려고 한다. 나는 그의 주장이 자가당착의 전형이라고 생각하지만, 뒤집어보면, 수사청 설립의 정당성을 확인하는 논리가 된다고 생각한다.

그의 주장의 핵심은 민주당의 검찰개혁 방안이 "공수처, 국수본, 중수청 등 수사기관을 오히려 늘리고 있다"는 것이다. 이 주장은 금태섭이 공수처 출범을 반대하며 펼쳤던 논리의 연장선에 있는 것으로, 문재인 정부 초기에는 나 역시 같은 생각이었다. 하지만 이 주장에는 중대한 전제가 깔려 있었다. '검찰의 수사권을 그대로 둔 상태에서 공수처를 설립할 경우'라는 전제 말이다. 그런데 민주당의 수사청 설립 방안은 검찰의 수사권을 없애고 기소권만 남기겠다는 것 아니었나. 검찰의 수사 기능을 공수처와 수사청이 나눠 갖게 하고, 경찰의 수사 기능은 자기 완결적인 형태로 국수본이 갖도록 하겠다는 것이다. 이렇게되면 수사 총량은 0으로 수렴된다. 수사 총량이 늘어난다고 공수처를 반대했던 그의 주장대로라면, 검찰의 수사권을 지금 그대로 두는 것이야말로 수사 총량이 늘어나는 결과가 되는 것이다. 금태섭은 제 논리로 제 발등을 찍었다.

검찰병에 걸린 환자들

금태섭은 또 검찰의 경찰 수사 지휘권에 대해 "검찰이 직접 수사를 못 하게 하면 그 대신 경찰에 대한 통제는 강화해야 한다. 검찰의 권한 남용보다 경찰의 권한 남용이 평범한 시민에게는 훨씬 큰 문제다"라고 주장했다. 경찰의 권한 남용이 평범한 시민에게 훨씬 큰 문제라는 데는 나도 동의한다. 하지만 통제의 주체가 꼭 검찰이어야 한다는 주장은 자신이 실은 검찰주의자였음을 고백하는 것이나 다름없다고 생각한다. 더구나 금태섭은 검찰이 기소권을 통해서 경찰에 재수사를 요청(사실상 수사지휘)할 수 있다는 점을 (아마도 일부러) 빼놓고 말하고 있다는 점도 지적해야겠다. 나는 대한민국 검찰이 (박정희의 5·16 쿠데타 이후) 60년 묵은 한국 사회의 고질병이라고 생각한다. 윤석열 등은 말할 것도 없고 금태섭의 행태 역시 검찰병 환자의 그것이라고밖에 달리 말할 도리가 없다. 모든 판단 기준에 검찰을 중심에 놓거나, 검찰이 중심이었던 과거의 눈으로 세상을 보기 때문이다. 이른바 공소유지 불가론이나 거악 척결론을 비롯해 검찰이 만들어낸 모든 논리 역시 마찬가지다. 자기들이 아니면 누가 하겠느냐는 유아독존적 발상이다.

사자의 용기와 여우의 지혜

드라마 〈하이에나〉의 주인공 정금자(김혜수)의 대사는 정곡을 찔렀다. "하이에나 똥이 왜 하얀지 알아? 썩은 거든 산 거든 뼈째 씹어 먹거든." 대한민국이라는 초원에서 검찰은 보수든 진보든 뼈째 씹어 적색도 청색도 아닌 백색의 물질로 만들어 버린다.

밤이 깊어가고 어디선가 하이에나들의 음산한 울음소리가 들려온다. 하이에나를 제압하는 유일한 방법은 무리를 흩트려 놓는 것이고, 검찰을 정상 국가조직으로 돌려놓는 유일한 방법은 권한을 분산하는 것이다. 초원에서 그 일을 감당할 자는 사자밖에 없고, 한국 사회에선 국민밖에 없다.

사자 무리를 영어로 프라이드(pride)라고 부른다. 오랜 세월 사자를 숭배해온 서양인들의 긍지가 배어있는 작명이다. 부디 한국 사회가 사자의 용기와 여우의 지혜를 지닌 프라이드가 되길. 고대 그리스 철학자 헤라클레이토스의 깨달음을 되새기며 심호흡을 할 수밖에. "판타 레이(panta rhei), 모든 것은 흐른다. 같은 강물에 두 번 발을 담글 수는 없다." 밤은 낮이 되고, 심장이 작아진 하이에나는 조용히 집으로 돌아갈 것이다.

누가 사법부를
이 지경으로 만들었나

—

이재용 삼성전자 부회장을 집행유예로 풀어준 정형식 서울
고법 부장판사를 특별감사 해달라는 청와대 청원에 참여한 사
람이 사흘 만에 20만명을 넘어섰다. 실제로 행정부가 사법부를
감사할 수는 없겠지만, 국민들의 분노가 얼마나 큰지 실감하게
하는 장면이다.

국민들이 이렇게 화를 내는 이유는 단순히 이재용이 미워서
가 아니다. 일반인이 보기에도 명백한 사실을 재판부가 별다른
설명도 없이 너무 쉽게 무시했기 때문이다. 한마디로 국민 상
식을 짓밟은 최악의 판결이라는 인식이 국민들 사이에 넓게 존

재하는 것이다. 이 판결의 문제점은 〈한겨레〉 지면에서도 지속해서 다뤘으므로 길게 설명하지는 않겠다. 이재용-박근혜 뇌물 사건의 본질은 삼성의 승계작업에 국민연금을 동원한 '국민재산 탈취사건'이라는 데 있다. 박근혜 청와대와 삼성이 공동기획하고 실제로 집행한 범죄이며, 이로 인해 정부 쪽 담당자였던 문형표 전 보건복지부 장관 등이 실형을 선고 받은 사안이다. 승계작업에 국민연금을 동원하겠다는 이재용-박근혜의 발상은 이건희의 불법상속 작업을 상대적으로 소박한 행위처럼 보이게 만들 만큼 과감하다. 이런 뻔뻔한 대국민 범죄에 대해 정형식 부장판사는 승계작업이 없었다는 한마디로 간단히 면죄부를 줬다. 특히 죽은 권력(박근혜)에 (강요)죄를 떠넘기면서 대자본(이재용)의 품에 안긴 비겁한 판결이라는 점에서 지켜보는 눈마저 부끄럽게 만든다. 더 큰 문제는 국민의 상식과 동떨어진 판결이 최근 잇따르고 있다는 점이다. 친구 사이에 오간 금품은 뇌물로 볼 수 없다는 진경준 전 검사장 뇌물 사건 판결, 부하들이 죄다 구속됐고 본인이 직접 사인한 문서까지 있는데도 김관진 전 국방부 장관의 혐의는 소명되지 않는다며 석방을 결정한 구속적부심 등 일반의 법감정에 어긋나는 판결이 줄을 잇고 있다. 법원에 의해 사회 안정성이 흔들리고 있다고 말할 수 있을 정도다.

나는 최근 잇따르는 이상한 판결들과 양승태 전 대법원장의 인사가 무관하지 않다고 생각한다. 그는 저 유명한 '지록위마 판결'(원세훈 전 국가정보원장의 선거개입 혐의에 무죄를 선고한 1심 판결)을 한 이범균 부장판사를 얼마 뒤 차관급인 고법 부장판사로 승진시켰다. 이 승진인사가 말하는 바는 분명하다. 양 대법원장 6년 재임 기간 동안 이런 신호에 잘 반응한 판사들이 요직에 기용됐을 것으로 생각하는 건 무리한 상상일까.

당연한 말이지만, 사법부에 대한 불신은 누가 부추기거나 조장하는 게 아니라 사법부 스스로 만드는 것이다. 하지만 양 전 대법원장은 그렇게 생각하지 않는 것 같다. "모든 사람을 우리 편 아니면 상대편으로 일률적으로 줄 세워 재단하는 이분법적인 사고가 만연하고, 자신의 주장만 일방적으로 강변하면서 다른 쪽의 논리는 들으려고도 하지 않는 진영논리의 병폐가 사회 곳곳을 물들이고 있습니다. (…) 이는 사법부가 당면한 큰 위기이자 재판의 독립이라는 헌법의 기본원칙에 대한 중대한 위협입니다." 퇴임사에 나타난 그의 인식을 보면, 사법부 독립을 해치는 것은 국민들의 "이분법적인 사고"와 "진영논리의 폐해"다. 스스로 사법부 독립을 허물어 놓고 국민을 탓하는 전형적인 유체이탈 화법이다. 그는 최근 드러난 판사 사찰과, 거의 '청와대 출

장소' 수준으로 전락했던 법원행정처의 행태에 대해 사과는커
녕 흔한 해명조차 하지 않았다.

2017년 우리는 선출된 권력의 무능과 부도덕함을 바로잡았
다. 이제 선출되지 않은 권력이 방종하거나 부도덕해질 때 어떻
게 바로잡을 것이냐는 숙제가 놓여 있다. 사법부에 대한 민주
적 통제 강화 방안을 위한 토론을 시작할 때다.

국민의힘 의원들에게만 적용되는 아름다운 원칙

"법은 사람을 처벌하지 않기 위해 있는 겁니다."

영화 〈배심원들〉(2019)에서 사상 첫 국민참여재판을 이끌게 된 부장판사(배우 문소리)는 법을 전혀 모르는 배심원들과의 첫 만남을 이 전복적인 대사로 시작한다. 법은 사람을 처벌하기 위해 있는 거라고 생각하는 일반인의 상식을 뒤집는 이 대사는 영화를 끝까지 밀고 나가는 힘이다. 이 멋진 말은 나중에 "의심스러울 때는 피고인의 이익으로"라는 또 다른 대사와 만나고, 영화의 갈등을 해결하는 열쇠가 된다. 판사가 피고인의 유죄를 확신할 수 없을 때는 무죄를 선고해야 한다는 이 원칙은 아름

답다. "열 사람의 범인을 놓치더라도 한 사람의 무고한 자를 벌할 수는 없다"는 인권 우선의 전통에 확고히 서 있기 때문이다.

그런데 나는 이 아름다운 문장을 전혀 뜻하지 않은 곳에서 발견했다. 윤석열의 절친이자 대선 캠프 핵심으로 뛰고 있는 권성동 당시 자유한국당 의원의 1심 판결문이다. "유죄의 인정은 법관으로 하여금 합리적인 의심을 할 여지가 없을 정도로 공소사실이 견실한 것이라는 확신을 가지게 하는 증명력을 가진 증거에 의하여야 하므로, 그와 같은 증거가 없다면 설령 피고인에게 유죄의 의심이 간다 하더라도 피고인의 이익으로 판단할 수밖에 없다."

"피고인의 이익"에 복무하기로 작심한 판사들은 권 의원의 모든 공소사실에 대해 무죄를 선고했다. 직접 청탁을 받았다는 최흥집 강원랜드 사장의 증언에도 불구하고 권 의원이 직접 청탁했는지 입증이 부족하다고 했고, 권 의원이 실제 최흥집 사장에게 채용 청탁을 했더라도⑴, 당시 상당한 재량권을 행사하며 '알아서' 점수 조작 등을 한 강원랜드 인사팀에 대한 업무방해는 성립하지 않는다고 판단했다. 최 사장한테서 '감사원 감사를 신경써 달라'는 취지의 청탁을 받고, 그 대가로 자신의 의원실에서 비서관으로 일했던 인사를 강원랜드 경력 직원으로 채용하게 한 혐의에 대해서도 "청탁은 있었지만 청탁을 들어주는 대가로 채용했다고 볼 수 없다"며 무죄를 선고했다.

모든 쟁점들에 대해 사실관계를 가리고 법리를 다툴 시간도 능력도 내겐 없다. 다만 한 가지 의문이 든다. 왜 아름다운 형사소송법의 대원칙은 권성동 같은 유력자들에게만 적용되는가.

멀리 갈 것 없이 채용 비리 사건만을 예로 들어보자. 내가 기억하기에 박근혜 정부 이후 채용 비리 사건에 연루된 자유한국당 인사는 네 명이다. 최경환 전 기획재정부 장관, 권성동·염동열 의원, 김성태 전 원내대표가 그들이다.(이 사회의 진정한 주류 기득권으로서 자유한국당 인사들의 채용 비리는 일종의 관습이었던 것으로 보인다. 황교안 자유한국당 대표는 대학생들 앞에서 아들의 채용비리 의혹을 셀프 제기하기도 했다. 공교롭게도 황 대표 아들의 케이티 입사 시점은 김성태 전 원내대표 딸의 정규직 입사 때와 같다.)

자유한국당 인사들의 채용비리 사건에서 눈여겨 봐야 할 공통점은, 채용을 청탁하거나 압박한 쪽은 한 명도 구속되지 않았지만, 청탁을 들어준 쪽은 예외 없이 모두 구속됐다는 점이다. 박철규 중소기업진흥공단 이사장(최경환), 최흥집 강원랜드 사장(권성동·염동열), 이석채 케이티 회장, 서유열 사장(김성태) 등이 모두 구속됐다. 뇌물 사건의 경우 준 사람과 받은 사람을 동시에 구속하거나 한 쪽만 구속할 경우 받은 사람만 구속하는 게 일반적인데(김정주 넥슨 회장 불구속, 진경준 검사장 구속), 이와 비교해 봐도 형평에 맞지 않는다. 이쯤 되면 국힘의힘 계열 국회의원은 웬만해선 감옥에 가지 않는다고 보는 게 맞다.

이 기울어진 사법 판단의 출발점은 검찰이다. 최경환, 권성동, 염동열 모두 불구속 기소했다. 김성태의 경우 〈한겨레〉가 딸의 케이티 특혜채용 기사를 처음 쓴 게 2018년 12월이었는데, 일곱 달 뒤(조국 일가 수사와 비교되는 수사 속도가 아닐 수 없다)인 2019년 6월에야 비밀리에 소환조사를 했다. 검찰의 숱한 권력 중 하나가 바로 이 비공개 소환조사다. 누구를 망신 주고 누구를 숨겨줄지 오로지 검찰이 정한다.(최경환은 구속되지 않았느냐는 지적이 나올 수 있는데 최경환이 구속된 것은 채용 비리가 아니라 국정원 특활비 수수, 즉 뇌물 때문이다.)

권성동 1심 무죄는 예견된 것이었다. 최경환은 1심에 이어 2심에서도 무죄를 선고 받았다. 특히 2심 판사는 직권남용죄와 강요죄 모두 범죄가 성립하지 않는다고 판결했다. 산하기관에 채용을 요구한 행위가 국회의원의 일반적 직무에 해당하지 않아 직권남용죄를 적용할 수 없다고 했고, 강요죄에 대해서도 최경환이 중진공 이사장의 의사 결정의 자유를 방해했다고 보기 어려워 성립하지 않는다고 판단했다. 황당하기 이를 데 없는 이현령비현령 논리다. 청탁을 받은 직원들이 업무 자율성이 있어서 업무 방해를 인정하기 어렵다는 권성동 1심 재판부와 닮은 데가 많다. "피고인의 이익으로!"

2021년 9월 양경수 민주노총 위원장이 불법시위 혐의로 구속됐다. 전임자인 김명환 위원장도, 전전임자인 한상균 위원장도 비슷한 혐의로 구속돼 징역을 살았다. 경찰과 검찰, 재판부에 묻고 싶다. 채용 비리와 불법 집회 중 어느 것이 더 위중한 범죄인가. 권력과 지위가 있는 자들이 인맥을 동원해 반칙을 일삼는 것만큼 반사회적인 범죄가 또 있을까. 숱한 젊은이들에게 사회에 대한 불신과 박탈감을 심어준 채용 비리보다, 국부적인 장소에서 벌어지는 노동자와 경찰의 다툼이 사회를 더 불안하게 한다고 판사는 생각하는 것일까. "피고인의 이익으로!"라는 아름다운 원칙은 왜 보수진영 권력자들에게만 적용되는 것인가.

검찰개혁 실패는
예정돼 있었다
—

2019년 9월 서초동에서 열린 촛불집회에 대해 적지 않은 사람이 복잡한 심경을 토로한 적이 있다. 한편으론 놀랍고 반가우면서도 한편으론 '이건 아닌데…' 하는 마음이 있었다. '검찰 개혁'에 동의하는 마음은 이미 촛불과 함께 있지만 '조국 수호' 슬로건에는 반대하거나, '공수처 설립'이 곧 검찰 개혁을 보장하는 건 아니라는 생각들이었다.

조국은 조연에 불과했다

문제는 서초동 촛불집회를 주도했던 세력이 '조국 수호'를 '검찰 개혁'과 등가로 내걸었다는 점이다. 김민웅 교수 같은 사람이 대표적이다. (나는 김민웅 교수를 좋아한다. 그가 2019년 여름 〈프레시안〉에 연재한 '한일협정, 무엇이 문제인가' 시리즈를 보면, 그가 얼마나 해박하고 매력적인 지식인인지 알 수 있다.) 김 교수는 당시 서초동 촛불집회 연단에 서서 "지금은 조국이 검찰 개혁"이라고 말했다. 검찰의 행태가 과도하기 때문에 이제 조국은 사퇴할 수 없고, 조국을 내어주면 대통령까지 위험하다, 그러므로 조국을 지키는 게 검찰 개혁으로 가는 길이라고 그는 주장했다.

조국 장관의 인사검증 과정에서 드러난 여러 문제나, 행정가로서 능력에 대한 평가를 떠나 이 주장에는 심각한 결함이 있었다. 무엇보다 당시 정세의 핵심을 놓치고 있었다. '검찰 개혁 정국'을 만든 건 조국이 아니라 검찰이라는 점이다. 검찰이 '오버'하지 않았다면 촛불집회도 없었을 것이다. 검찰의 오만함이 '조국 논란'을 '윤석열 사태'로 바꾼 것이지, 조국이 특별히 무엇을 한 결과가 아니다. 당시 무대에 오른 연극에서 조국은 전개상 필요한 에피소드를 제공한 조연에 불과했다. 오히려 새로운 주연, '촛불'이라는 캐릭터가 어떻게 행동하느냐에 극의 결말이 달려 있었다.

애초에 검찰이 조기 참전하지 않았다면 '조국 법무부 장관'

도 없었을 가능성이 크다. 조국 법무부 장관 임명의 적절성에 대해서는 이미 여론이 돌아선 상황이었다. 당시 〈한겨레〉 보도를 보면, 고심하던 대통령으로 하여금 조국 장관 임명을 강행하게 한 주된 이유가 윤석열의 '조국 불가론'이었던 것으로 보인다. 이 대목에서도 조국은 조연에 그친다.

물론 지금은 사퇴할 때가 아니라고 주장할 수는 있었다. 그러면 거기서 그쳐야 했다. 최소한 촛불집회의 메인 슬로건에서는 '조국 수호'를 뺐어야 한다는 말이다. 그것이 외연을 넓히는 길이고 촛불집회가 성공하는 길이었다.

공수처 설립은 철 지난 과도기적 방안이다

당시 서초동 촛불의 또하나의 최상위 슬로건이 공수처 설립이었다. 지금은 어차피 공수처가 설립돼 있는 상황이지만, 기록을 남겨둔다는 의미에서 짚고 넘어가려고 한다.

고위공직자범죄수사처(공수처)는 참여연대가 오래전부터 주장해온 일종의 과도기적 개혁안이다. 무소불위 검찰 권력의 원천이 수사권과 기소권을 동시에 갖고 있기 때문이라는 데는 다들 동의하지만 이걸 단번에 분리하기는 쉽지 않으니 일단 수사권과 기소권을 갖는 또 하나의 조직을 만들어 검찰을 견제하자는 논리였다. 나는 공수처가 언제든 대통령의 칼로 변할 수 있으며 최소한 또 하나의 대검 중수부(지금의 서울중앙지검 특수부)가 될 가능성이 크고, 궁극적으로 국가의 수사 총량이 늘어나므로 인권 신장에 역행한다는 점에서 반대했었다.

실제로 공수처가 설립된 지 1년 가까이 되어 가는 지금 공수처는 어떤 모습인가. 여야의 중간에서 양쪽 눈치 보느라 가랑이가 찢어질 듯한 뱁새이거나 현직 검사(손준성) 하나 소환하는 데 몇 달째 쩔쩔매는 종이호랑이에 불과하지 않은가. 이런 기회주의적이고 약한 모습은 리버럴 정부에선 어느 정도 예상된 현상이다. 다시 권위주의 정부가 들어선다면 언제 그랬냐는 듯 성난 얼굴로 표변할 것이다.

요컨대 공수처는 검찰 개혁의 전망이 어둡던 시절에 만들어 낸 고육지책에 불과하다. 견제에 초점을 맞추느라 권력 축소에 소홀했던 과도기적 방안이다. 마치 공수처가 설립되면 검찰의 모든 문제가 해결될 것처럼 말하는 것은 명백한 기만이었다.

박근혜 탄핵 촛불 이후에도 검찰 개혁이 제1의 과제로 꼽혔지만 서초동 촛불 때처럼 구체적인 논의를 하기는 어려웠다. 각론에 대한 국민의 이해가 높지 않았기 때문이다. 하지만 이때는 달랐다. '조국 사태'를 겪으며 국민은 수사권과 기소권을 동시에 가진 검찰이라는 조직이 얼마나 무서운 사회적 흉기인지 소상히 알게 됐다. 둘을 분리하기에 이때보다 좋은 기회는 없었다.

하지만 문재인 정부는 그렇게 하지 않았다. 당시 조 장관이 제2기 법무검찰개혁위원회를 만들었는데 주요 논의 과제가 검찰의 직접수사 축소 방안이었다. 또 방향을 잘 못 잡은 것이다. 검찰의 직접수사는 축소해야 할 게 아니라 아예 폐지해야 했다. 검찰이 당시 특수부 축소 방안을 발표한 데서 알 수 있듯이 직접수사 축소는 검찰이 얼마든지 감내할 수 있다. 어차피 얘기되는, 그래서 문제 되는 직접수사는 과거의 중수부, 지금의 서울중앙지검 특수부 수사이기 때문이다. 일단 특수부를 유지하기만 하면 나중에 필요할 때(조국 일가 수사처럼) 얼마든지 인력을 늘릴 수 있다. 대검 중수부를 폐지할 때도 서울 특수부가 그 역할을 대신하게 될 거라는 우려가 있었고, 우려는 현실이 됐다는 점을 기억해야 한다. 문재인 대통령 지시에 깜짝 놀란 듯 하루만에 내놓은 대책이지만, 검찰은 그때도 속임수를 쓰고 있었다.

수사 · 기소 분리하고 대배심 도입해야

추미애 법무부 장관이 들어선 뒤에는 검찰개혁이 윤석열 개인의 문제로 치환되면서 윤석열만 더 띄워준 꼴이 되고 말았다. 뒤늦게 수사청 설립 방안을 꺼내들었지만 이미 동력을 잃어버린 상태였다. 뼈아픈 만시지탄이다.

다음 정부에선 검찰과 경찰, 공수처와 사법부를 포함해 근본적인 검찰개혁과 사법개혁을 시작해야 한다. 지금까지처럼 어떤 권력기관이 수사권을 갖느냐가 논의의 중심이 되어서는 안된다. 권력을 분산하고 시민이 실질적으로 통제할 수 있도록 하는 데 집중해야 한다.

예를 들어 검찰을 기소청으로 축소해 기소와 공소유지만을 담당하게 하고, 수사는 미국의 연방수사국 FBI 같은 조직을 만들어 맡길 수 있다. 여기서 핵심은 미국처럼 수사와 기소를 시민이 통제하고 결정하는 수사 및 대배심(Grand jury)을 도입하는 것이다.

제한적인 도입에 그치고 있는 국민참여재판을 전면적인 배심제로 바꾸기 위해서는 개헌이 필요하다. 현행 헌법이 재판의 주체를 법관으로 한정했기 때문이다. 이 부분에 대한 논의도 시작해야할 때라고 생각한다. 사법농단에 대해 재판부가 잇달아 무죄 판결을 내리고 있는 것은 어느 정도 예상했던 결과다. 결국 현행법으로는 법을 위반한 판사를 단죄할 길은 없는 셈이라는 사실이 드러난 것이다. 헌법재판소 역시 비겁하게 회피하는 방식으로 초록이 동색임을 입증했다. 검찰개혁에 이은 사법 민주화의 최종 목적지는 사법부라는 사실을 잊어선 안 될 것이다.

Ⅱ

언론과 지식인

'반진영논리' 주의자들의
진영논리

—

'문빠가 언론 탄압하는 시대, 조선일보 없었다면 어쩔 뻔'했
냐는 서민 단국대 교수의 문자화한 음성을 보는 순간 나는 놀
라는 대신, 드디어 올 것이 왔다고 생각했다. 그가 2019년 펴낸
책『윤지오 사기극과 그 공범들』에 일종의 복선이 깔려 있었기
때문이다. 서 교수는 이 책에서 윤지오를 사기꾼으로 규정하면
서, 조선일보 방씨 일가를 피해자로 동정한다.

이 책을 읽을 때만 해도 나는 윤지오가 사기꾼이라는 데 동
의했다. 나중에 깨달은 사실이지만, 소셜 미디어에서 벌어진 '삼
인성호'(三人成虎)에 세뇌된 상태였다. 정치철학자 조정환의『증

언혐오』와 『까판의 문법』이라는 '빨간약'을 삼킨 뒤에야 나는 마녀사냥의 '매트릭스'에서 빠져나올 수 있었다. 장자연·윤지오 사건이 품고 있는 각각의 복잡한 사실과 주장을 여기서 다 풀어놓을 수는 없지만, 장자연의 억울한 죽음에 관한 한 윤지오의 증언은 흔들린 적이 없다고 나는 확신한다.

윤지오가 인터폴 '적색 수배'를 받게 된 사건인 크라우드펀딩 '고펀드미' 사기 혐의의 경우, 애초에 범죄의 전제가 성립하지 않는다. 사기란 남을 속여 금전적 이득을 취하는 행위인데, 윤지오가 증언한 '장자연 리스트'는 분명히 존재했고, 윤지오가 이 리스트를 봤다는 사실이 관련자들의 진술 조서 등을 통해 명백히 드러나 있다. 장자연 사건 초동수사 당시 은폐에 가담했던 경찰이 자신들의 치부를 감추려고, 윤지오에 대한 부정적인 여론에 편승해 서둘러 그의 입을 막아버린 것이라고 나는 판단한다.

설령 윤지오가 사기꾼이 맞다고 하더라도 〈조선일보〉가 피해자가 될 수는 없다. 장자연이 목숨과 맞바꿨던 증언이 방씨 일가를 가해자로 지목하고 있다. 윤지오 사건과 관련해서도 방씨 일가는 피해자가 될 수 없다. 경찰과 검찰이 은폐한 진실을 복원하는 과정에서 단지 이름이 불리는 것만으로 그들을 피해자로 명명한다면 역사적인 '가해자-피해자 바꿔치기' 사례로 남을 것이다.

서 교수가 감행하는 '정신적 축지법'의 근원을 찾아 올라가면, 그가 '문빠'라고 부르는 극단적 온라인 행동주의자들과 만나게 된다. 이명박, 박근혜 정부 시절 괴물과 싸우다 스스로 괴물이 되어버린 그들로부터 서 교수가 심각한 공격을 받았고, 그들이 펼치는 '진영논리'의 폭력성에 질려, 맞서 싸우겠다고 작심한 것으로 보인다.

그러나 서 교수 자신이 또 다른 진영논리에 빠진 것은 아닌지 되돌아봐야 한다고 생각한다. 진영논리의 특징은 팩트에 별 관심이 없으며, 메시지보다는 메신저를 중시하고 편부터 가르는 것인데, 서 교수가 윤지오 사건에 임하는 자세가 그러하다. 서 교수가 책에서 새로 밝혀낸 사실은 거의 없다. '까판'이라고 불리는 유명인 비판 계정들이 제기한 윤지오(메신저)의 학력 위조 의혹과 직업 사칭 논란을 비롯해, 과거를 캐는 내용을 정리한 수준에 불과하다. 증언자(피해자)는 결백해야 한다는 순수주의와 주류 기득권의 논리로 가득 차 있다. 조정환의 책이 나온 지

한참 됐는데도 언급조차 않는 걸 보면, 팩트 자체에 관심이 없는 것 같다.

　서 교수와 함께 '반진영논리'라는 새로운 진영논리에 빠져 있는 인물이 진중권 전 동양대 교수다. 〈문화방송〉이 보도한 〈채널에이〉 기자의 협박성 취재가 뭔가 프레임을 걸고 있는 느낌이라며 검찰과 채널에이를 응원한다. 코로나19 방역 등 몇몇 사안에서는 여전히 정확한 진단을 내놓았던 그가 검찰 관련 보도에서 이성을 잃는 이유는 검찰의 조국 전 법무부 장관 일가 수사를 무조건 옹호해온 전력과 관련이 있다. 자신의 말과 행동이 정당성을 유지하려면 검찰을 비호할 수밖에 없게 돼버린 것이다. (여당 쪽이) 프레임을 걸고 있다는 진 전 교수의 말이 일말의 진실이라도 담고 있다면, 그의 시각 또한 (검찰 쪽) 프레임을 걸고 있다는 주장 역시 가능하다.

　미네르바의 부엉이는 황혼에 날아오르지만, 어둠이 깊어질수록 지혜의 눈은 밝게 빛난다. 사후에(야) 말하는 지식인은 욕망과 정서에 호소하는 정치인과 달리 차가운 이성으로 사회를 '리뷰'해야 할 의무가 있다. 진실과 거짓이 뒤섞여 있는 '라쇼몽'의 세계에서 단선적 정의감처럼 위험한 도박은 없다. 반지성주의 집단에 맞서 싸운다는 지식인들이 반지성주의의 얼굴을 하고 열린 사회의 적들에게 달려가 안기는 장면을 지켜보는 건 괴로운 일이다.

탈진실시대의 '1위'들
—

   '조국 흑서'라는 별칭을 가진 책 『한번도 경험해보지 못한 나라』는 '탈진실 시대'에 대한 개탄으로 시작한다. 대담으로 이뤄진 책의 앞부분 사회를 맡은 서민 단국대 의대 교수는 "객관적 사실보다 편향된 신념이 뉴스를 지배하고 여론 형성을 주도하는 포스트트루스(Post-Truth, 탈진실) 시대"라며 "한국 사회도 가짜 뉴스가 판치고 거짓이 진실로 둔갑하고 있"다고 말문을 연다. 그리고 자신이 책(『윤지오 사기극과 그 공범들』)까지 펴낸 바 있는 '장자연 사건의 증언자' 윤지오씨에 대한 '편향된 신념'을 늘어놓는다. 윤씨를 지지했던 여론을 싸잡아 "'〈조선일보〉를 잡으러 온 것이니 윤지오는 무조건 옳다' 이런 진영 논리의 결과"라고 비판한다. 정치철학자 조정환이 『까판의 문법』과 『증언혐오』라는 두 권의 책을 통해 윤씨가 사기꾼이 아니라는 사실을 거의 완벽하게 밝혔는데도, 서 교수는 아무런 언급도 반박도 없이 '객관적 사실'에 대한 무시로 일관하고 있다.

『한번도…』에는 서 교수의 새로운 진영이 어느 쪽인지 알려주는 편린이 여럿 있는데, 그중 하나는 이렇다. "의사가 될 실력이 안 돼서 증명서를 위조해야 했던 조국 전 장관 딸에 비하면 나경원 전 의원 아들은 특권층이 받을 수 있는 특혜에 불과한데 말입니다. 물론 그런 것도 문제이긴 합니다만, 그래도 위조 같은 행위에 비할 바는 아니거든요." 나경원 전 의원 관련 의혹에는 '특권층이 받을 수 있는 특혜'라며 애써 너그러워진다. 서 교수가 경멸적 의미로 자주 쓰는 '진영 논리'라는 비난의 화살이 부메랑처럼 자신에게 향하고 있는 걸 아는지 모르겠다.

나머지 대담 참여자들은 대체로 진보답지 않은 진보에 불만을 느껴 새로운 진보를 모색하고 싶어하는 것 같다. 특히 사모펀드 의혹 관련 전문가로 등장하는 권경애 변호사는 사모펀드를 신자유주의적 금융에 의한 약탈 행위로 간주하는 듯한 발언을 한다. 우리 사회 '진보'의 평균보다 더 왼쪽에 있는 것으로 보이는 권 변호사는 사회주의자를 자처하는 조국 전 법무부 장관의 사모펀드 가입 행위 자체를 견딜 수 없었던 것으로 보인다.

사모펀드가 합법적인 투자 상품이긴 하지만, 나는 권 변호사의 비판적 신념을 존중하고 싶다. 그러나 유죄 여부를 가리는 기준은 신념이 아니라 '객관적 사실'일 수밖에 없다. 사모펀드와 관련한 조 전 장관의 권력형 비리 의혹은 검찰 역사상 최대의 강제력을 집중한 수사에도 불구하고 사실로 드러난 게 없다. 검찰이 그토록 입증하고 싶어 했던 '정경심 교수의 코링크피이(PE) 실질적 지배' 가설도 무너졌다. 사모펀드 투자와 관련해 2심에서도 유죄가 나온 혐의는 미공개 정보를 이용한 WFM 주식 장내매수와 차명계좌 개설 등 권력형 비리와 무관한 것들뿐이다.

그런데도 이 책은 '아마도'와 '같아요' 같은 유보적 표현을 빌려 권력형 비리가 있었을 것이라고 여전히 예단하고 있다. 그리고 "추가로 수사의 필요성이 생겨서 강제 수사력이 발동되지 않는 한, (…) 이 이상의 논의는 추측과 추론의 영역"이라고 말한다. 얼마나 더 심한 강제 수사를 벌여야 진실이 밝혀진단 말인

가. 이미 드러난 사실조차 무시하고 억측하는 것이야말로 '탈진실' 행태가 아닌지 묻고 싶다.

　이 책이 4주째 베스트셀러 1위를 지키고 있는 사이, 다른 신문도 아닌 〈조선일보〉가 기자들을 상대로 한 신뢰도 조사에서 1위를 차지했다고 한다. 우리 앞에 홀연히 나타난 이 두 가지 '1위'는 사실과 신뢰를 중시하지 않는 탈진실 시대의 위험한 단면 아닐까.

어떤 진보의 착각

야생에서 잡혀 와 오르간 연주자의 반주에 맞춰 춤을 추는 원숭이가 있었다. 오르간 연주자는 원숭이에게 화려한 옷을 입히고 목에는 금박 오르골을 달아 주었다. 원숭이가 춤을 추면 사람들이 몰려들어 지갑을 열었다. 의기양양해진 원숭이는 늙은 오르간 연주자를 불쌍히 여겼다. '내가 춤을 추면 노인은 원하지 않더라도 연주를 해야 하지. 내가 춤을 추지 않으면 노인은 굶어 죽고 말 거야.'

영화 〈맹크〉(2020)에서 언론재벌 윌리엄 랜돌프 허스트(찰스 댄스)가 시나리오 작가 허먼 맹키위츠(게리 올드먼)에게 들려준 '오르간 연주자의 원숭이' 우화다. 물론 이 우화는 허스트가 맹크(맹키위츠)를 조롱하려는 의도로 만들어낸 이야기지만, 나는 그가 본의 아니게 현대 사회의 비밀을 누설하고 있다고 생각한다. 루쉰의 아큐(阿Q)처럼 '정신승리'에 취한 대중은 자신이 주인인 양 착각하지만, 이 세계의 작동 원리를 설계하고 통제하는 건 허스트 본인과 같은 막후의 권력자라고 스스로 선언하는 듯하다. 마리오네트처럼 팔다리 관절을 직접 조종하지 않아도 자본 투입(옷과 오르골)과 상징조작(내가 주인이다)으로 세상을 지배할 수 있다는 자신감이다. 조지프 퓰리처와 쌍벽을 이루며 황색 저널리즘의 전성기를 이끌었던 허스트는 당시 미국 사회에서 '밤의 대통령' 같은 존재였다.

이 우화는 또한 우리가 흔하게 범하곤 하는 인식의 오류를 풍자하는 것처럼 느껴진다. 화려한 현상(원숭이)에 취해 본질(연주자)을 놓치거나, 이면의 울퉁불퉁한 메커니즘을 보지 못하고 매끈한 표면에서 미끄러지는 경우들 말이다. 예를 들어 이런 질문은 어떤가. 지금 한국 사회를 실질적으로 지배하는 것은 4~5년마다 바뀌는 정치권력인가, 아니면 허스트처럼 '교체되지 않는 권력'인가. 정치권력은 나라의 예산과 국민의 삶에 영향을 미치는 정책을 결정하는 주요 권력이지만, 지배계급의 동의어는 아니다. 만일 정치권력이 자신들의 보호자가 아니라고 판단하면 '교체되지 않는 권력'은 맹렬한 저항세력으로 돌변한다. 개혁을 시도하는 리버럴 정권이 깨지기 쉬운 '유리 권력'이 될 수밖에 없는 구조적 메커니즘이 우리 사회의 이면을 구성한다.

"권력에 홀딱 반하지 말라"는 미셸 푸코의 조언을 실천에 옮기기 전에 권력의 종류와 작동 방식에 관한 더 많은 논쟁이 필요하다. 이를테면 윤석열 검찰총장이 알현했다는 한국의 '밤의 대통령'(족벌언론 사주)들, 그들과 혼맥·인맥으로 얽히고설킨 재벌들, 전관비리(예우)를 고리로 이들과 결탁한 전·현직 판검사들은 이 나라의 지배권력이 아닌가. 수많은 고위공직자 출신들을 고문으로 거느리고 가진 자들의 편에서 나라를 주무르는, 공수처장까지 배출한 김앤장은 어떤가.

오랜 군사독재와, 독재 유전자를 이어받은 권위주의 정권에 익숙한 한국 사회는 정치권력이 권력의 전부인 듯 착각하는 경향이 있다. 일부 진보적 지식인과 언론조차 빠져들 정도로 매우 강력한 관성을 지닌 인식의 오류다. 진보세력이 가루가 되도록 갈리면서 방향 없이 무너지는 배경에는 이런 오류의 함정이 도사리고 있다고 나는 판단한다. 현재의 정치권력에 대한 현상적

안티테제만으로는 새로운 진보의 길을 열기 어렵다. 감정을 소비하는 정치는 순간의 주목과 격동을 불러일으킬 수는 있지만 세계의 작동 원리를 재설계하겠다는 진보정치가 할 일은 아니라고 생각한다.

원숭이 우화에 자존심이 상한 맹크는 허스트를 풍자하는 시나리오로 멋지게 복수한다. 영화사의 전설이 된 수미쌍관의 반전, '로즈버드'로 유명한 영화 〈시민 케인〉(1941)이다. 맹크 자신이 판을 바꿔 역사의 연주자가 된 셈이다. 영화에 관한 영화이자 정치에 관한 영화인 〈맹크〉의 배경이 된 1930년대 미국은 대공황을 계기로 공화당과 민주당이 진보와 보수라는 정치적 유니폼을 바꿔 입은 격변의 시대였다. 지금이야말로 진보정치가 저 낮은 곳의 시대정신과 만나 후진적 정치의 판을 바꿀 기회가 아닐까. 한국의 진보는 역사의 연주자가 될 수 있을까.

리버럴이 아니라 무능이다
―

김은희 작가의 드라마 〈킹덤〉은 정치의 본질과 관료주의의
속성에 대한 탁월한 은유로 가슴을 흔든다. 드라마 곳곳에서
벼슬아치들의 이기심과 반민중성이 세자 이창(주지훈)의 애민의
식과 격렬하게 충돌하는데, 지금 현실에서 벌어지는 혼란스러
운 논점들을 돌아보기에 충분하다고 생각한다.

좀비에 쫓겨 경북 상주 읍성으로 몰려든 백성들을 내려다보
며 상주 목사와 세자가 벌이는 논쟁은 의미심장하다. 상주 목
사는 성문을 열면 먹을 것이 부족해 모두 죽게 된다며 성문을
열 수 없다고 버티고, "대를 위해 소를 희생할 뿐"이라고 주장

한다. 세자는 "그럼 저들이 죽어가는 걸 그저 두고 보겠다는 거냐"며 "누가 큰 백성이고 누가 작은 백성인가" 되묻는다.

코로나19 사태에 따른 긴급재난지원금에 이어 전국민 고용보험 도입 논의에 이르기까지, 더불어민주당과 기획재정부 사이에 벌어졌던 힘겨루기는 21세기 판본의 '상주 성곽 논쟁'이라 일컬을 만하다. 관료들은 '한정된 자원의 효율적 집행'을 명분 삼아 '큰 백성'과 '작은 백성'을 나눈다. 가난을 선별하고 싶어하는 관료들의 욕망에 감춰진 비밀은 켄 로치 감독의 영화 〈나, 다니엘 블레이크〉가 정밀하게 폭로한 바 있다. 가난을 선별해야 자신들의 일자리가 유지되는 관료들의 눈에는 개별적인 가난이 보이지 않는다. "절대 사람들을 보지 말 것. 지친 사람, 괴로운 사람, 우울한 사람, 자살 직전에 있는 사람을 보지 않는 것, 그건 '경제적 합리성'이 인간성에 의해 흐트러질까 두렵기 때문이다."(프레데리크 로르동, 『정치적 정서』) 관료들의 실패는 공감의 실패에서 비롯한다.

이른바 '리버럴' 정부가 집권하면 관료들이 청와대나 여당과 다른 목소리를 내며 갈등을 마다치 않는 '정부 안의 리버럴 현상'이 수시로 벌어진다. 보수언론은 이간질한다. 권위주의 정부에서는 '정책을 둘러싼' 리버럴 현상이 벌어지지 않는다. 관료들에 대한 장악력이 강해서이기도 하지만, 재정과 복지에 대한 보수적 철학이 일치하기 때문이다. 관료들의 보수 성향은 기득권 유지에 기여하고, 기존 체제의 밑바닥을 이루는 다중의 희생을 전제로 한다는 점에서 비민주적이며 반민중적이다.

적자재정을 감수하고서라도 복지를 확대하려고 하는 리버럴 정부에서는 보수 성향 관료들과의 충돌이 예정돼 있다. 충돌이 불가피하다고 하지 않고 예정돼 있다고 쓴 이유는 피할 수 있다고 보기 때문이다. 한국의 리버럴은 리버럴의 의미를 잘못 알고 있다. 현대적 의미의 리버럴이란 주로 미국에서 표현의 자유와 소수자 보호를 강조하는 진보적인 리버럴(민주당)을 가리키는 것으로, 사상의 성향과 국민을 대하는 자세가 자유주의적이라는 뜻이지 직업공무원을 대하는 태도가 너그러워야 한다는 뜻이 아니다. 국민의 선택을 받은 대통령과 여당이 공약을 비롯한 국민과의 약속을 이행하는 정책을 펴는데 관료들의 반대에 부딪쳐 좌절되는 현상을 허용하는 것은 리버럴이 아니라 무능한 것이다.

1000년의 역사를 지녔던 과거제도까지 거론할 필요도 없이,

개발독재의 기억을 자랑스러워하는 한국의 관료들은 자신들이 나라를 끌고 간다는 선량(엘리트) 의식에 젖어 있다. 주어진 모든 권한을 동원해 개혁에 저항하는 검찰 역시 마찬가지다. 선출되지도, 책임지지도 않는 관료 권력이 나라의 주인 행세를 하도록 내버려두는 건 민주주의가 아니다.

〈킹덤〉의 좀비들은 입을 크게 벌리고 달린다. 기아에 허덕이다 인육을 먹고 좀비가 되어버린 그들에게 남은 건 오직 식탐뿐이다. 대기근과 전염병이 일상이었던 조선시대 백성의 처연한 메타포가 후손들의 눈가를 적신다. 세자 이창은 굶주린 백성들의 아픔에 공감하는 예외적 통치자다. 드라마에서나 가능한 이 예외적 존재의 역할을 제도적으로 가능하게 한 것이 대의민주주의다. 그러므로 현대 정치의 목적은 민심과의 삼투압을 높이는 일이어야 한다. 거대 여당이 진정으로 두려워해야 할 대상은 오만과 독선을 경계하는 목소리로 과잉 대표되는 기득권의 욕심이 아니라 드라마에서나 현실에서나 '묶음' 처리되는 저 멀리 성곽 아래의 민심이다.

브라만의 무기로 전락한 '공정성'

드라마 〈청춘기록〉에서 웃음을 자아내는 대목은 주인공 사혜준(박보검)이 아버지 사영남(박수영)을 전혀 닮지 않은 데서 비롯한다. 사혜준의 탁월한 외모는 어머니와 할아버지의 유전자를 물려받았다는 설정이다. 아버지는 이렇게 말한다. "내가 개 외모에 지분이 없잖아."

잘생긴 얼굴 덕에 스타 배우가 됐다면 부모의 지분은 얼마나 인정할 수 있을까. 사혜준의 성공은 사혜준 혼자만의 능력으로 이뤄낸 것인가. 능력주의라는 신자유주의 사고방식이 좌우의 이념 지형을 초월하여 전일적인 지배 이데올로기가 된 시대에 한번쯤 생각해볼 만한 주제라고 생각한다.

비단 외모만이 아니다. 성공의 조건인 지능과 체력, 심지어 성격조차도 부모가 누구이며 어떤 가정환경에서 자랐느냐에 달려 있다고 할 수 있다. 부모의 재력은 두말할 필요조차 없다. 사혜준의 친구이자 모델 출신 배우로 활동하는 원해효(변우석)는 그 상징적인 예다. 부잣집 아들인 원해효는 매니저 노릇을 자처하는 '헬리콥터 맘'의 지원을 당연하게 받아들이다 결국 어디까지가 자신의 능력인지 알 수 없는 상황에 처한다. 드라마에선 부잣집 아들이 좌절하지만, 현실이라면 그렇게 되지 않았을 가능성이 크다. '돈도 실력'이라는 정유라의 비명 같은 저주가 국민적 지탄을 받은 이유는 그 말이 거짓이어서가 아니라 부끄러운 진실을 입 밖에 냈기 때문이었을 거라고 나는 생각한다. 한국 사회는 이 불편한 진실에 관해 침묵으로 동조하고 있을 뿐 아니라, 기만적인 공정성 논의로 진실을 덮고 있다. 부모가 누구냐에 따라 달라지는 '우연성'과 '재능 불평등' 현상을 수정하거나 보완하려는 시도는 저항에 부딪혀 비틀거리기 일쑤고, 학력과 시험 성적을 '노력'이라는 주관적 지표로 절대화하면서 사회적 격차를 유지하거나 더 벌리려는 세력이 압도적이다. '전교 1등'을 자처하는 의대생들과 비정규직의 정규직화에 반대했던 인천국제공항공사 정규직 노조가 그런 경우다. 사회가 만들어놓은 경쟁의 틀에서 최선을 다해 자격을 갖췄는데 이제 와서 규칙을 바꾸는 건 공정하지 않다는 게 이들의 주장이다. 약자의 논리였던 공정성은 이제 시험으로 자격을 획득한, 토마 피케티의 표현을 빌려 말하면, 한국형 브라만 계급의 특권을 보호하는 무기가 되었다. 지금 공정을 말하는 이들은 이미 브라만이거나 브라만을 지향하는 이들, 또는 그들을 옹호하는 언론이다.

공정성에 대한 거대한 오해를 바로잡으려면 '공정으로서의 정의'(justice as fairness) 이론을 정립한 철학자 존 롤스의 『정의론』으로 돌아갈 필요가 있다. 롤스는 사혜준처럼 "노력하고 도전해서 소위 자격을 갖춘 사람이 되려는 의지조차도" 가정과 사회적 환경의 영향이라고 말한다. 각자의 사정에 따라 노력의 질과 목표가 달라질 수밖에 없다면, 노력에 따르는 성과 역시 사회의 최소수혜자(최대약자)에게 이익이 돌아가도록 분배 구조를 재편해야 한다. 오랜 기간 저신뢰 사회였던 탓에 합의할 수 있는 유일한 기준이 시험 성적이었다고 하더라도, 시험 성적만으로 사회적 '영광과 포상'의 독점을 허용하는 '세련된 야만'에서 벗어나야 롤스가 말하는 공정으로서의 정의에 가까워진다고 생각한다.

　일부 언론을 포함한 한국형 브라만 계급이 펼치는 공정성 논의는 공정하지 않을 뿐 아니라 편향적이다. 세습을 통해 면면히 이어지는 최상위 계급을 공정성의 치외법권 지대로 상정하고, 그들의 특권을 보호하기 위해 대리전을 감행한다. 피고인 이재용의 구속을 걱정하고, 상속세가 너무 많다고 푸념한다. 장례식장에 나타난 이재용의 자녀들에게 카메라 앵글을 맞추고 "우월한 유전자" 운운하는 언론의 노예 근성은 시험조차 필요 없는 세습 권력에 대한 충성 맹세이자 자발적 복종 선언인 셈이다. 영국의 사회학자 마이클 영은 태생에 따른 귀족주의(aristocracy) 시대가 끝나고, 부가 곧 권력인 금권주의(plutocracy)를 지나, 능력주의(meritocracy) 시대가 도래했다고 했지만, 21세기의 한국 사회는 이 세가지 체제가 동시에 작동하는 기형적인 복합체가 되어가고 있다.

언론 불신의 뿌리를 찾아서

드라마 〈허쉬〉와 〈날아라 개천용〉은 자못 징후적이다. 두 드라마 모두 기자가 주인공인데, 기자 스스로 자신을 '기레기'라고 비하한다. 기자 사회의 금기어에 해당하는 멸칭을 보통명사처럼 스스럼없이 사용하는 드라마가 동시에 두 편이나 나타난 건 언론에 대한 불신의 저변이 생각보다 깊고 넓다는 신호 아닐까.

기레기 담론이 처음 폭발했던 세월호 사건으로 돌아가면 실마리가 풀릴 수 있을까. 당시 시민들은 언론이 유족들의 슬픔에 공감하기보다는 함부로 카메라를 들이대는 모습을 규탄했다. 학생들을 구하는 데 책임을 다하지 않은 박근혜 정부에 분노했고, 정부의 실책을 은폐하고 감싸는 언론에 분개했다. 〈조선일보〉는 정부로 향하는 분노를 유병언 일가로 쏠리게 했다. 이어서 '십상시 문건'이 폭로되자 문건의 내용과 실체에 대한 국민의 관심을 유출자 색출과 처벌로 돌렸다. 검찰과 조선일보의 협업 결과였다.

하지만 조선일보의 악행을 아무리 떠들어도 조선일보는 변하지 않았다. 안티조선운동을 시작한 지 10년이 훨씬 더 지나면서 시민들은 지쳐갔고, 진보언론을 향해 화를 내기 시작했다. 직접적인 타격을 통해 진보언론을 바꿔보자고 나선 것이다. 진보와 보수를 가리지 않는 기레기 담론은 이렇게 탄생했다. 이에 대한 반감이 진보언론 안에서 생긴 것은 당연한 결과다. 거친 욕설과 비논리적인 주장은 이들이 과연 진보적 시민인지 의심하게 했다. 정권이 바뀌자 진보언론이라는 호명조차 부담스러워하는 분위기가 생겼다. 그 결과, 진보언론은 지금 '역진영논리'라는 덫에 걸려 있는 것처럼 보인다. 좌충(左衝)은 너무 많고, 우돌(右突)은 너무 적다는 비판이 나온다.

흔히들 한국 언론의 문제가 정파성에 있다고 지적하지만, 이는 본질을 회피하는 그릇된 주장이다. 모든 사회는 재화의 분배를 둘러싸고 갈등이 생길 수밖에 없고, 이를 조정하는 것이 정치이며, 정치의 수단은 정당이므로, 갈등을 보도하는 언론사 또한 이념이나 가치 지향에서 특정 정당들과 병행하는 정파성을 띠게 된다. 언론의 정파성은 세계적으로 보편적인 현상이며, 객관주의 전통이 강한 미국이 예외적인데 최근에는 미국 역시 유럽을 닮아가고 있다.(조항제 부산대 신문방송학과 교수, 〈한국 언론의 공정성〉) 무엇을 취재할지부터 기자의 주관이 작용하고, 언론사가 추구하는 가치에 따라 기사화 여부가 최종 결정된다는 점에서 미국 언론의 객관성(또는 중립성) 신화는 깨진 지 오래다. 언론의 정파성을 인정하되, (관점의 다양화 등을 통해) 최대한 객관적인 방법으로 사실을 정확히 전달하도록 노력해야 한다는 것이 세계 언론학계의 최근 합의다.

정파성 인정이 거대 양당 중의 하나를 택해야 한다는 의미는 결코 아니다. 의제에 따라 적극적인 가치 판단을 하되, 결과적으로 특정 정당의 정책 방향과 같다고 해서 위축되거나 자기 검열할 필요는 없다는 뜻이다. 정파성을 당파성 또는 계급성으로 바꿔 부르면 의미가 좀 더 명확해진다. 예를 들어 조선일보가 중대재해기업처벌법에 대해 "시이오(CEO) 징역 살게 하는 중대재해법"이라고 보도할 때, 조선일보는 자신이 속한 정파와 계급이 어디인지 밝히고 있는 셈이다. 조선일보가 우리 사회 신뢰 수준의 바닥을 낮춘다는 비판은 정파성 자체가 아니라 정파적 목적의 사실 왜곡과 거짓 선동으로 향해야 한다. 한국이 4년째 전세계 꼴찌를 기록한 것으로 널리 알려진 영국 로이터저널리즘연구소의 언론 신뢰도 조사에서 〈조선일보〉는 2019년에 이어 2020년에도 한국의 조사 대상 14개 매체 가운데 14위였다. 2018년의 꼴찌는 〈티브이조선〉이었다. 이런 매체가 여전히 막강한 영향력을 행사하는 거꾸로 선 현실이 언론 불신의 뿌리가 어디 있는지 말해준다.

이 짧은 글에서 해법까지 내놓는다는 건 애초부터 만용이었는지 모르겠다. 한가지 분명히 말할 수 있는 건 있다. 기레기 담론의 건너편에 진실을 추구할 의무가 있으며, 그 시작은 거짓을 거짓이라고 지치지 않고 말하는 것이다. 실패한 기레기 담론의 출구가 여기 있다.

언론의 인격살인
검찰의 사법살인

———

"아냐, 이건 태블릿피시 같은 거야."

〈채널에이(A)〉 법조팀 지검반장 이아무개 기자가 "윤석열 최측근"이라고 소개한 검찰 관계자(한동훈 당시 부산고검 차장검사)는 취재에 자신 없어 하는 이 기자를 독려하며 최순실의 '태블릿피시'를 거론한다. 이철 밸류인베스트코리아 전 대표가 '유시민을 칠 수 있는' 진술만 해준다면, 태블릿피시가 그랬던 것처럼 정권을 한 방에 보낼 수 있다는 기대가 담겨 있는 말로 읽힌다.

'검언유착' 의혹을 받는 채널에이의 자체 진상 보고서는 모든 잘못을 기자에게 떠넘기고 꼬리 자르기에 급급했다는 비판을 받았지만, 이 기자가 후배 기자와 취재 방향을 상의하는 통화 내용은 감추지 않았다. 이 기자의 단독 범행이라는 사실을 강조하려는 의도로 보이는데, 욕설까지 섞어가며 진솔하게 전하는 '최측근'과의 대화가 사실이 아니라고 믿을 이유는 없는 것 같다. 이들의 대화는 언론을 통해 이뤄지는 '검찰 정치'의 메커니즘을 보여준다는 점에서 희소가치가 있다. '만수산 드렁칡'처럼 뒤엉켜 '불신의 세계'를 창조해온 언론과 검찰의 '작전' 방식이 적나라하게 드러나 있다.

소속 언론사의 정파적 프레임에 맞춰 총선 전에 여당 쪽의 거물급 이데올로그를 타격하려는 기자와, '검찰개혁 저지'를 위해 정권 핵심부를 상대로 전쟁을 벌이다 한직으로 밀려난 검사는, 조직의 욕망에 개인의 욕망을 투사한다는 점에서 '예루살렘의 아이히만'을 떠올리게 한다. 이기적인 삶의 태도와 조직을 대하는 종속적 심성, 그리고 비판적 사유의 실종이 닮았다는 말이다. 누구보다도 근면하고 성실했지만 타인의 권리나 고통에 무감했던 아이히만 같은 사람이 열심히 일할수록, 인류는 가혹한 위기에 빠져들었다고 역사는 증언한다.

미국 경찰처럼 목을 짓눌러 죽이는 것만 살인이 아니다. 한국의 언론은 무차별 의혹 제기와 거짓보도로 목을 조르고, 검찰은 법이라는 칼로 찌르며 별건 수사로 비튼다. 의혹이 있으면 보도해야 하고, 불법이 있다면 처벌해야 마땅하지만 보수 언론과 검찰의 행태는 과도하고 불공정하다. 신체에 가하는 물리적 고문은 사라졌을지 몰라도 '민주화 이후의 고문'이라고 할 수 있는 '정서적 고문'이 아무런 제지 없이 반복되고 있다. 검찰 수사를 받다가 극단적 선택을 한 정의기억연대 손영미 소장과 청와대 특별감찰반 백아무개 수사관이 바로 정서적 고문의 희생자다. '한명숙 사건'의 수사와 재판 과정을 리뷰해야 하는 이유도 이런 현대적 고문에 의해 증언이 조작됐다는 주장이 나왔기 때문이다. 유무죄와 재심 여부부터 따지는 건 달을 가리키는데 해를 쳐다보는 격이다.

채널에이 진상 보고서의 마지막에는 재발방지 대책과 개선 방안이 나와 있다. "검찰 취재 중심의 법조팀 취재 관행을 개선한다. 검찰 수사를 비판적인 시각으로 바라보고, 피의자의 입장도 반영하는 균형 잡힌 취재를 할 수 있는 방안을 마련해 실천한다." 이 약속이 지켜지지 않을 것임을 우리는 경험으로 알고 있다. 노무현 전 대통령 서거 당시에도 언론들은 비슷한 약속을 했지만 지켜지지 않았다. 채널에이는 몇가지 조건이 붙은 재승인을 받았고, 검찰은 제 식구 앞에서 언제나 그랬듯 연체동물이 되어 슬로 모션으로 수사를 진행했다. 언론과 검찰이 치외법권 지대라는 사실을 우리는 또다시 확인했다. 대단한 권력형 비리가 있는 것처럼 연기를 피워 올렸던 신라젠 수사는 실체가 없다는 발표로 끝이 났지만, 10개월 동안 괴롭혔던 관련자들에 대한 사과는 없었다. 선출되지 않았을 뿐 아니라 어떤 책임도 지지 않는 두 집단이 너무 많은 영향력을 행사한다는 게 우리 민주주의가 앓고 있는 병의 원인이다.

검찰 권력을 그대로 두고 검언유착이 사라지길 바라는 것은 눈을 뜨고 꿈을 꾸는 것이다. 검찰의 수사권과 기소권 분리, 기소배심 도입 등 사법 민주화부터 시작해야 한다. '박근혜 탄핵 촛불'의 완성으로 평가받는 21대 국회는 언론과 검찰 속 아이히만들의 전횡을 막을 수 있을까. 언론의 인격살인과 검찰의 사법살인은 민주주의 차원의 문제만이 아니라 보편적 인권 측면에서도 더 이상 방치할 수 없는 악습이다.

주류의 자격을 묻는다

—

　요즘 우리나라를 보면, 하퍼 리의 동명 원작을 영화화한 〈앵무새 죽이기〉가 묘사한 미국 남부 사회가 떠오른다. 노예 해방이 이뤄진 지 오랜 세월이 흘렀는데도 많은 백인들이 여전히 흑인들에 대한 우월감으로 가득 차 있던 시대. 로자 파크스와 마틴 루서 킹의 흑인 민권운동이 시작되기 전, 남부 백인들의 자신감은 물리적 근거가 있었다. 사회의 주류로서 모든 권력 기구를 장악하고 있던 그들에게 재판 절차 따위는 중요하지 않았다. 백인 여성을 성폭행했다는 누명을 쓴 흑인 톰의 재판에서, 백인만으로 이뤄진 배심원단은 톰에게 유리한 명백한 증거를 무시하고 그를 죽음으로 몰아간다. 요컨대 이 소설은 역사

발전의 도도한 흐름에 저항하는 사회 주류에 대한 비판을 담고 있다.

한 가정의 청결 상태를 보려면 화장실에 가면 되고, 한 나라의 인권 실태를 보려면 교도소에 가보라는 말이 있다. 하지만한 사회의 성숙도를 보려면 그 사회의 최하층이 아니라 주류세력의 상식 수준을 봐야 한다. 사회 주류가 사실 앞에 솔직하고 약자에게 관용을 베풀며 공공의 이익을 중시하면 그 사회는성숙한 사회다. 이 기준으로 보면, 백인으로서 흑인을 변호하는 애티커스 핀치 – 영화에선 그레고리 펙이 배역을 맡았다 –를'깜둥이 애인'(nigger lover)이라고 놀려대던 당시 미국 남부는 성숙한 사회가 아니었다.

지금 우리 사회 주류라고 할 수 있는 보수세력은 어떤가. 박근혜 정부의 정통성 논란을 불러온 국정원 대선 댓글 수사를방해하려는 청와대와 호흡을 맞춰 불법적 경로로 입수한 개인적 치부를 공개해 검찰총장 채동욱을 끌어내린 언론사, 세월호사건의 화살이 청와대를 향할 때 구원파라는 자극적인 희생양을 발굴해 유병언 일가에게 책임을 떠넘긴 세력, 십상시 문건으로 비선 실세 국정농단 실태의 일각이 드러났을 때 프레임 전환을 통해 문건유출자 색출로 마무리했던 그들은 누구인가. 나는 그들이 한번도 자신들의 잘못을 고백하고 반성하는 걸 본 적이 없다. 타락한 정권을 감싸기 바빴던 그들은 이제 정권이 바뀌자 '촛불 청구서'라는 해괴한 조어로 비주류 세력을 조롱하고 있다. 시대의 흐름을 외면하고 증오의 언어로 비주류 세력을 경멸한다는 점에서 소설 속 백인들처럼 미성숙한 사회의 주류라고 자백하는 꼴이다. 이들이 희생양으로 삼는 한국 사회의 앵무새는 전교조와 민주노총, 통진당 등이다. 이들의 지침에 따르면, 전교조 법외노조 통보는 정당하고, 민주노총의 가두시위는 합법 여부와 무관하게 늘 꼴불견이며, 통진당 해산의 법리적 결함을 지적한 김이수 헌법재판소장 후보자는 부적격이다. 이른바 '공안 마피아'의 세계관이다. 검찰·재벌 개혁 등 대선 과정에서 주요 후보들이 동의한 적폐 청산에도 딴지를 걸고 있다. 세상이 바뀌었는데도 이들의 태도는 자못 공격적이다. 이들의 자신감 역시 미국 남부 백인들처럼 물리적 근거가 있다. 이들은 여전히 이 나라의 중추 조직-정치·경제·법조·언론-을 장악하고 있는 주류이기 때문이다.

87년 6월항쟁 이후 30년을 10년 단위로 쪼개보면, 보수(노태우·김영삼)-개혁(김대중·노무현)-보수(이명박·박근혜)가 번갈아가며 집권했다. 2017년 문재인 정부의 집권은 70년 만에 이 나라 주류를 교체할 수 있는 기회였다. 박근혜라는 쓰나미가 해묵은 지역감정과 철 지난 색깔론 등을 한꺼번에 쓸어버렸기 때문이다. 하지만 사회경제 개혁 실패와 부동산 실정이 잇따르면서 주류 교체는커녕, 10년 주기 집권 공식이 깨질지도 모르는 상황이 되어버렸다.

이 나라의 건국세력으로서 보수우파의 권력에 대한 집요한 의지는 상식을 초월했다. 검찰권력을 중심으로 똘똘 뭉쳐 도저히 차기 대권이 보이지 않던 암흑의 터널을 뚫고 유력한 대선주자를 세웠다. 현 정권을 향해 칼을 들었던 검찰총장이 어떻게 야당 대통령 후보로 나설 수 있겠느냐는 상식은 어차피 이들의 것이 아니다. 이들의 권력욕 앞에서는 모든 상식이 무용해진다. 상식을 내팽개쳐 국민의 심판을 받았던 주류가 비상식적인 방법으로 5년 만에 다시 집권의 꿈을 꿀 수 있을 만큼 우리 사회의 상식은 허약하다. 우리 민주주의 수준이 고작 이 정도라는 사실을 받아들이고, 기초부터 다시 시작하는 수밖에. 겸허해져야 할 시간이다.

'표현의 자유'를 부정하는
'표현의 자유'?

—

표현의 자유 탄압에 열을 올리던 독재(향수)세력은 정권을 잃고 나면 '역설적으로' 표현의 자유를 만끽한다. '군대여 일어나라'는 태극기 부대의 쿠데타 선동에 대해 검찰은 2019년 무혐의 처분을 내리면서 "집회 현장의 발언 내용만으로 이들이 국헌문란의 목적이 있었다고 인정하기 부족하다"고 밝혔다. 구체적인 행위가 없었으므로 내란 선동에 해당하지 않는다는 결론이었다.

태극기 부대의 쿠데타 선동은 표현의 자유 영토 안에 속하는 것일까. 나는 이 질문이 '표현의 자유'를 부정하는 '표현'의 자유까지 허용해야 하는가를 묻는 것이라고 생각한다. 군대를 동원해 평화로운 촛불집회를 진압하라는 이들의 주장은 타인의 '표현의 자유'를 공격하는 행위다. 두차례 군사 쿠데타를 경험한 나라에서 노골적으로 군부를 선동하는 행위는 표현의 자유 한계를 넘어선 것이라고 생각한다.

우리나라 일부 자유주의자들은 자유권이 무한한 것으로 오해하고 있다. 그러나 공동체를 이루고 살아가려면 일정한 제한은 불가피하다. 나의 자유와 권리는 타인의 자유와 권리 앞에서 멈춰야 한다. 헌법 21조와 37조가 그 한계를 구체적으로 적시하고 있다. 문제는 지금까지 독재(향수)세력이 헌법이 열거한 '제한' 사유(국가안전보장·질서유지 또는 공공복리)를 정권 안보를 위해 편의적으로 활용해왔다는 점이다. 그들이 수호했던 체제는 '자유민주주의 체제'가 아니라 '반공기득권 체제'였고, 공안(공공안녕)은 정권안녕의 다른 말이었다. 요컨대 권위주의 정부 아래서 숱하게 벌어졌던 표현의 자유 쟁취 투쟁은 표현의 자유에 관한 정권의 자의적인 해석 및 적용에 대한 반대였지, 표현의 자유가 아무런 제한을 받지 않아도 된다는 뜻은 아니었다.

그럼에도 대통령이나 공권력에 대한 풍자와 비판, 예술 분야의 표현 자유는 무제한 허용해야 한다고 본다. 지난 정권 시절 '쥐그림'이나 '근혜공주' 포스터 같은 예술 작품을 둘러싸고 작가가 구속되거나 대통령 명예훼손 논란이 있었던 건 우리 사회가 문화적으로 덜 성숙했다는 증거다. '공적 인격'인 대통령에 대한 국민의 표현은 자유로이 보장해야 한다. 지금도 광화문에 나가 보면 문재인 대통령을 영화 〈다크 나이트〉의 조커처럼 묘사한 포스터가 24시간 길거리에 전시돼 있다.

표현의 자유 논란이 빚어지는 또 하나의 쟁점이 '5·18 왜곡 (망언)처벌법' 제정 여부다. 거칠게 나누면, 미국식 자유주의와 독일식 불관용 원칙이 부딪치고 있다. 나는 이것이 옳고 그름의 문제가 아니라 각 나라의 역사와 경험에 따라 달리 적용할 문제라고 생각한다. 우린 비교적 최근에 통한의 집단학살을 경험했다는 점에서 독일의 길을 따르는 게 좋다고 생각하는 쪽이다.

특히 독일이 형법 130조를 개정하는 과정에 대한 연구가 필요해 보인다. 원래 계급투쟁선동죄였던 해당 조항이 소수자에 대한 증오와 비방 등을 금지하는 대중선동죄로 바뀌는 과정 말이다. '공공의 평화'라는 법의 목적은 여전하지만, 노동자계급 또는 공산주의자의 선동을 금지하던 법을 소수자 혐오 및 비방 선동을 금지하는 내용으로 바꾼 것이다. 특정 소수의 선동을 금지하던 법이 특정 소수를 보호하는 쪽으로 전향적으로 바뀐 것이다. 홀로코스트의 비극을 반영한 것인데, 이 변화가 나중에 제노사이드 정당화(사실 부인), 나치체제 찬양 등을 금지하는 토대가 된다. 신기한 건, 이 조항이 바뀐 시점이 1960년이라는 점이다. 독일 통일 30년 전이다. 인권과 평화에 관한 성숙한 국민 의식이 훗날 역사적인 통일의 밑거름이 된 것은 아닐까.

민주당의 세 번째 실패와
진보의 재구성

—

슬픈 예감은 틀린 적이 없다. 검찰개혁은 물 건너갔고 공수처는 거꾸로 칼을 들었다.(공수처 1호 사건이 조희연 서울시교육감의 '전교조 해직교사 특별채용'이다) 소득불평등을 해결하겠다는 약속은 사상 최대로 벌어진 자산불평등의 격차로 돌아왔다. 전 국민의 마음이 욕망과 불안 사이에서 흔들리고 있다. 중대재해기업처벌법은 누더기인 채로, 오늘도 일하는 사람들이 속절없이 죽어 나간다. 민생과 개혁, 모두에서 실패했다. 몇 가지 공이 없지 않으나 과가 그것을 덮고도 남음이 있다. (성과를 굳이 언급하지 않는 이유다) 민주당과 진보는 샤이라는 수식어가 어울리는 처지가 되었다. 안토니오 그람시가 말한 것처럼 "낡은 것은 죽어 가는데도 새로운 것은 아직 탄생하지 않"은 "위기"의 "공백 기간"이 길어지면서 "다양한 병적 징후들이 출현하"고 있다.

민주당의 실패 공식

리버럴 정권의 개혁 실패 방정식에는 모든 문제를 관통하는 공식이 있다. (쁘띠부르주아 정당이라는) 계급적 한계가 철학의 빈곤과 디테일의 결핍, 그리고 자신감 부족을 낳고, 작은 비판에도 주춤거리는 원인이 된다. 부동산, 최저임금, 공공기관 비정규직의 정규직화 정책이 같은 경로를 밟았다. 수사-기소 분리라는 지름길을 두고 공수처 설립이라는 우회로를 택한 검찰개혁도 큰 틀에서 다르지 않다. 개혁이 수포로 돌아가는 임기 후반기가 되면 청와대와 내각을 관료로 채운다. 세 번이나 집권한 지배블록의 일부로서 기득권의 눈치를 살피지 않을 수 없는 소심함이 과감한 개혁을 어렵게 한다. 조선일보와 국민의힘으로 대변되는 보수세력의 맹렬한 저항 또한 빼놓을 수 없는 요소일 테지만, 이는 상수에 해당하는 것으로, 특히 2016 촛불 이후 이들이 역사상 가장 취약한 상태였던 점을 고려하면 주된 원인이라고 하기는 어렵다. 요컨대, 문재인 정부의 실패는 리버럴 집권 세 번째의 실패이고, 한국의 리버럴이 관료들을 장악하고 부릴 수 있을 만한 의지와 실력이 없다는 평가를 내릴 수밖에 없다.

반민주당전선의 좌우연합적 성격

끼인 존재로서 리버럴은 좌우 모두로부터 욕을 먹게 돼 있다. 비판을 최소화할 수 있는 길은 단 하나, 다수가 원하는 정책을 다수가 원하는 방식으로 다수에게 혜택이 돌아가도록 (사람들이 느끼게) 만드는 것이다. 초기에 잠깐 희망을 보여주는 듯했으나, 결과적으로 문재인 정부는 실패했고, 지금은 반민주당전선이 상당히 두텁게 형성돼 있다. 몇 가지 차이점이 있긴 하지만 마치 노무현 정부 말기 증상을 보는 듯하다.

민주당이 여당이 되면 반민주당전선은 광범위한 좌우연합전선이 된다. 정당으로 보면 국민의힘과 정의당, 원외까지 확장하면, 정통 좌파라고 할 수 있는 노동당까지 포괄한다. 보수가 집권하면 보수 내에서 비판이 나오지 않지만, 리버럴 비판 대열에는 보수와 진보가 늘 함께한다. 이것이 민주당 지지자들이 느끼는 기울어진 운동장의 비밀이자, 공정하지 않고 느끼는 현상의 뿌리다. 특히 스스로 진보라고 생각하는 일부 보수적인 민주당 지지자들의 격렬한 반발이 이어진다. 정의당을 비롯한 진보정당, 한겨레와 경향신문을 비롯한 진보언론에 대한 공격은 주로 이들에 의해 이뤄진다.

'켄타우로스' 민주당

민주당은 지배블록의 일부이지만, 지배블록의 일부만은 아니라는 점에서 문제가 발생한다. 이는 1987년 대선 때부터 지난하게 이어져 온 진보진영의 숙명 같은 난제다. 마키아벨리의 표현을 빌려 말하면, 민주당은 켄타우로스(반인반마)적이다. 지배블록의 일부이면서도 서민정당을 표방하며 실제로 그런 경향을 일부 갖고 있다. 조중동과 국민의힘은 진보정당을 일부러 무시하며 민주당이 진보의 전부인 것처럼 프레임을 만들고, 민주당을 비난하여 진보를 악마화한다. 샤이 민주당과 샤이 진보가 혼용되는 현실은 이 프레임이 대중적으로 안착했다는 걸 말해준다. 민주당이 욕을 먹으면 진보가 욕을 먹는 구조다. 진보가 민주당을 비판하면 진보가 커지는 게 아니라 보수가 커진다. 대통령제와 소선거구제, 그 결과인 양당 정치의 한계라고 할 수 있겠지만(그래서 여전히 제도개선 투쟁이 필요하다고 생각하지만), 더 중요한 건 비판의 내용과 방향에 있다고 생각한다.

내로남불 프레임은 악당에 유리한 게임

그런 의미에서 류호정 정의당 의원과 문정복 민주당 의원의 '당신 논란'을 검토해볼 필요가 있다. 누가 먼저 반말을 했는지, 말의 맥락을 못 알아들었는지 여부는 중요하지 않다. 도자기를 들여오면서 외교행낭을 이용했다는 잘못된 팩트를 정의당 대표가 거론했다거나 문정복 의원이 개인적으로 자리에 찾아가 항의한 것도 부적절한 행위였지만 문제의 핵심은 아니다. 내가 주목하고 싶은 대목은 정의당이 거대 양당의 도덕성 경쟁에 무비판적으로 편승하고 있다는 점이다. 도덕성 경쟁은 야당일 때 민주당이 쓰던 방식이다. 상대적으로 덜 기득권이어서 더 깨끗하다고 마케팅하는 방식인데, 이는 필연적으로 내로남불이라는 부메랑으로 돌아온다. 노무현과 노회찬도 이 프레임의 희생양이었다. 정의당도 남의 얘기가 아니다. 류호정 의원도 수행비서 해고 논란으로 홍역을 치르지 않았나.

내로남불 프레임은 도덕 기준이 높은 진보가 필패할 수밖에 없는 게임이다. 내로남불 프레임이 특히 문제인 것은 뻔뻔한 악당들이 면죄부를 받게 돼 있기 때문이다. 악당들은 나쁜 짓을 해도 사회적 관심을 끌지 못한다. 악당을 비난하며 자신은 악당이 아닌 것처럼 행세하던 사람들이 조그만 잘못에도 대역죄인처럼 비난받는다. 이 과정에서 민생은 사라지고 무의미한 정쟁만 무한 생산된다. 도덕성 경쟁이 정책 경쟁의 지우개 노릇을 하는 셈이다. 도덕성 경쟁을 하지 말라는 게 도덕성을 포기하라는 말은 결코 아니다. 도덕성을 정치적 상품으로 팔지 말라는 것이다. 2000년 총선시민연대 이후 정치개혁 운동으로 시작된 도덕성 경쟁은 이제 그만할 때가 되었다. 진보가 내놓아야 할 상품은 따로 있다. 기득권에 기반한 정당들이 낼 수 없는 진보 적 정책이다. 우리가 덜 타락했다고 주장하지 말고 우리가 더 유능하다고 말해야 한다.

탈이념 시대의 진보

4·7 재보선에서 적지 않은 2030이 국민의힘을 선택했다고 해서 이들이 보수가 된 것은 아니다. 그들은 기존의 이념지형 에서 벗어나 있다. 보수든 진보든 그건 기성세대의 잣대일 뿐 이다. 젊은 세대가 진보를 기피한다면 젊은 세대가 잘못된 게 아니라 진보가 잘못된 것이다. 민주화 운동의 훈장이 진보의 증거가 될 수 없다. 과거에 연연하는 진보는 더이상 진보가 아 니다.

젊은 세대가 원하는 것은 언제 어디서든 차별받지 않고 공정 한 게임의 룰에서 경쟁하며 쾌적하고 안전하게 살 권리를 보장 받는 것이다. 이것은 보편적 인권에 해당하는 것으로 젊은 세 대만의 요구는 아니다. 기성세대가 만들어 놓은 각자도생의 사 회에서 국가가 나를 지켜주지 않는다고 생각하는 젊은이들이 스스로 돈을 추구하는 경향은 어쩌면 당연한 생존본능의 발현이라고 볼 수 있다. 진보는 지금 바로 여기서 시작해야 한다. 젊은이들의 역사 경험치가 낮다고 탓하는 방식은 전형적인 꼰대 스타일이고 스스로 미라가 되는 길이다. 지난 재보선에서 청년들에게 돈 몇 푼 더 주겠다는 박영선 서울시장 후보의 공약은 청년들을 동냥이나 바라는 거지 취급하는 최악의 접근법이었다.

진보에 부족한 것은 진보

정의당은 어떤가. 민주노동당 시절 각종 진보적 의제로 정치판에 신선한 충격을 던지던 모습은 찾아보기 어렵다. 정책만으로 보면 정의당보다 이재명 경기도지사가 더 진보적으로 보인다. 민주당 의원들의 말에 토를 달듯 '빨간펜' 선생 노릇을 한다거나 앞의 사례처럼 언쟁을 하는 경우만 눈에 띈다. 장애인, 소수자 인권 등 이른바 '정치적 올바름(PC)' 투쟁은 중요한 진보적 과제이지만, 대중정당의 대표상품이 되어선 곤란하다. 피시의 전면화는 실용주의를 추구하는 젊은이들의 외면을 받을 수밖에 없다. 피시는 교육현장과 언론 등을 통해 점진적으로 바꿔나가야 할 문제지 대중정당이 일상적으로 수행할 정치적 과제는 아니다. 정의당이든 노동당이든 사회경제적 문제에서 민주당과 차별화하는 진보적인 정책을 통해 유능할 것 같다는 인정을 받아야 수권정당이 될 수 있다.

노회찬은 이렇게 말했다. "늘 그렇지만 문제는 세상이 아니라 진보 자신이다. 지금 진보정당에게 부족한 것은, '진보'다. 부족한 진보를 훈장과 족보로 가릴 수는 없다. 세상을 진보시키기 위해 자신이 먼저 진보하지 않으면 안 되는 시점이다."《대한민국 진보 어디로 가는가?-노회찬, 작심하고 말하다》) 2014년에 나온 책이지만 여전히 옳은 말이다.

개혁은
새도복싱이 아니다

대한민국은 우파가 세운 우파의 나라다. 재계와 관계, 법조계, 언론계를 비롯한 교체되지 않는 권력의 대부분을 여전히 우파가 잡고 있다. 대한민국에도 좌파가 존재하지만, 세계적 기준에서 좌파에 해당하는 세력은 얼마 되지 않는다. 한국의 우파가 좌파라고 비판하는 민주당은 좌파가 아니라 중도우파에 불과한 수준이다. 대한민국의 이념 저울은 오른쪽에 치우쳐 있다. 선거로 뽑는 정치권에서만 간간이 중도우파가 주류가 될 뿐이다. 한국인들이 민주주의를 위해 흘린 피와 땀으로 겨우 쟁취한 것이 지금의 이념 지형이다.

악의의 말폭탄이 날아다니는 총성없는 전쟁

이념에 관심이 없다거나 이념이 필요 없다고 말하는 사람은 정말로 순진하거나 순진한 척 하는 우파, 두 부류 뿐이다. 20세기의 좌우 이념 대립이 자유와 평등의 대결이었다면, 21세기에는 부의 분배와 생명, 평화, 생태, 환경, 소수자 인권 등으로 세분화되었을 뿐이다. 자유라는 가치가 보편적으로 실현된 선진국의 경우 주로 평등의 정도(부의 분배)를 둘러싸고 이념 대립이 진행된다. 20세기의 이념 전선은 단순했지만, 전쟁을 치를 만큼 격렬했다. 21세기의 이념 지형은 복잡한 만큼 알아차리기 어려워 교묘하게 속이고 속기 쉬우며 계급 배반 현상 또한 예사로 나타난다. 실제로 전쟁을 하지는 않지만 첨예한 이해가 충돌하며 악의의 말폭탄이 날아다니는 총성 없는 전쟁이다.

우파의 나라에서 개혁은 혁명보다 어렵다. 진보적 의미의 개혁이란 많이 가진 자의 부를 덜 가진 자에게 더 많이 이전하는 것이고, 사회적 약자와 소수자의 권리를 높이는 일이어서 기득권의 반발은 정해진 수순이다. 탄소중립과 원전폐기를 비롯한 환경 관련 이슈도 우파들의 저항이 강한 분야다. 기득권의 이익이 줄어들기 때문이다.

개혁은 진공 상태에서 하는 섀도 복싱이 아니다. 중도우파 수준의 개혁이라도 우파들은 사생결단으로 저항한다. 기득권의 반발은 약자들의 반발보다 소리가 크고 힘이 세다. 그걸 뚫고 개혁을 관철하려면 여론의 지지는 물론이요 정책을 집행하는 관료들의 팔로어십 또한 필수적이다. 이 모든 것을 기대할 수 없는 우리나라의 개혁정부는 사상누각 같은 존재다.

개혁은 한쪽 팔을 기둥에 묶고 싸우는 것
—

보수가 진보적 정책을 채택하면 포용적이라고 칭찬받지만 (ex: 대통령 선거운동 당시의 박근혜, 독일의 메르켈), 개혁은 언제나 좌우 모두에서 비난받는다. 개혁은 한쪽 팔을 기둥에 묶고 싸우는 것이다. 잘해도 본전이 아닐 때가 많다. 편하게 살려면 우파 쪽에 서는 게 좋다. 반개혁세력은 개혁세력의 도덕성을 공격하며 개혁의 자격을 묻는다. 하늘 아래 한 점 부끄러움이 없는 자가 아니라면 개혁을 말할 수조차 없게 되어 버린 세태가 누구에게 유리할지 구구절절 해설이 필요 없을 것이다.

개혁은 상대가 있는 싸움이므로 상대의 수준에 따라 전선이

달라진다. 내가 마른땅에서 싸우고 싶어도 상대가 진흙탕에서 나오지 않으면 진흙탕으로 들어가 싸울 수밖에 없다. 진흙탕을 사수하려는 세력이 크고 셀수록 싸움의 양상은 저열해진다. 세상에 조용한 개혁은 없다. 문재인 대통령이 개혁에 소극적이었던 이유는 정책의 디테일이 약했던 측면도 있지만, 시끄러운 걸 싫어하는 점잖은 천성 탓이 크다. 개혁 과정의 소음과 분란을 꺼리는 사회는 일본처럼 될 수밖에 없다. 조용하고 안정적이지만 변하는 게 없는 보수적인 사회, 부익부빈익빈의 고착화로 젊은이들이 꿈을 잃은 사회가 될 수밖에 없다.

혁명과 달리 개혁은 한 번에 이뤄지지 않는다. 여러 번의 시도와 실패가 쌓여 작은 개혁들이 이뤄지고 마침내 조금 나아질 뿐이다. 지난하게 밀고당기면서 때때로 후퇴하지만 결국 요철처럼 울퉁불퉁하게 나아간다. 그럼에도 개혁을 포기할 수 없는 까닭은 우리 후손에게 좀 더 나은 사회를 물려줘야 한다는 역사적 의무감과 사명감 때문이다.

중도가 되어버린 진보

—

요즘 정의당의 행보를 보면, 민주당과 국민의힘 중간에서 양쪽을 모두 비판하는 게 진보의 역할이라고 생각하는 것처럼 보인다. 중간에 서는 건 중도지 진보가 아니다. 민주당과 국힘을 모두 비판하되 민주당의 왼쪽에 확고히 서야 한다. 민주당에는 예리한 단거리 미사일을, 국힘에는 파괴적인 원거리 미사일을 날려야 한다.

진보는 경기장을 마른땅으로 옮기는 세력이다. 국민 인식의 지평과 상상력을 넓혀줘야 할 의무가 있다. 마른땅이 국제적 표준임을 매력적인 언어로 외치는 수밖에 없다. 예를 들어 정치 영역에서는 미완의 개혁으로 끝난 연동형비례대표제 도입과 다당제 실현을 위해 다시 한 번 여론을 모아야 한다. 국힘의 '대장동 그분' 타령에 숟가락을 얹을 게 아니라 개발이익 100% 환수를 위한 행동에 돌입해야 한다. 진흙탕에서 뒤엉켜 싸우는 두 덩치 사이로 끼어드는 건 진보가 아니다. 끼어들어 싸우다 보면 민주당과의 싸움이 치열해질 수밖에 없다. 초록은 동색이지만 상쟁은 골육 간에 벌어지는 법이기 때문이다.

방향 잃은 진보언론

—

중도강박증은 진보언론이 더 심하게 앓고 있다. 민주당과 국힘 사이에서 기계적 균형과 형평성을 지키는 게 언론의 역할이라고 생각하는 것 같다. 최근엔 역편향 드라이브가 걸려 있다는 걱정마저 들게 한다. 민주당에 유리할 것 같은 팩트는 아예 쳐다보지도 않고, 취재해보려는 시도조차 하지 않는 경우가 있다. 국힘이 명백한 거짓 주장을 펼쳐도 아무런 여과없이 보도해주기도 한다. 정파주의에 반대한다면서 오히려 더 정파적으로 판단하는 것처럼 보일 때도 있다.

내부자로서 감히 말하면, 여당지라는 비난을 두려워하기 때문에 발생하는 결과라고 나는 생각한다. '여당지 아님'이라는 부재증명이 가치 판단의 최우선 순위에 놓이게 된 것이다. '우리가 이렇게 보도하면 문재인 정부와 민주당 편든다고 사람들이 생각하지 않을까' 하는 우려가 진실 추구라는 저널리즘의 가치를 압도하고 있는 건 아닌지 진보언론 기자들은 냉정히 돌아봐야 한다.

진보언론의 의무
—

언론의 객관주의 신화는 20세기 유물이다. 언론의 객관성을 믿는 독자도 바라는 독자도 없다. 취재 대상 선정과 프레임 설정은 언론사 고유의 관점에 따를 수밖에 없기 때문이다. 진보언론, 보수언론, 중도언론은 의제 설정에 따라 나뉘는 것이다. 민주당과 국힘을 공정하고 객관적으로 다루고 싶다면 진보언론 명찰을 떼고 중도언론을 표방하는 게 옳다. 객관성과 공정성을 버리자는 말이 아니다. 객관성과 공정성은 진실 추구를 위한 수단이지 목적이 아니라는 말이다. 객관성과 공정성은 보도 대상과 의제 설정이 아니라 취재 방법과 보도 형식에 필요한 덕목이라는 점을 구분할 줄 알아야 한다.

진보언론이 빠져 있는 또 하나의 함정이 출입처다. 관료와 기업들이 장악하고 있는 출입처는 정보의 길목으로서 중요한 취재원이지만 출입처의 논리에 동화되어 출입처의 눈으로 세상을 보면 엘리트주의에 경도될 수밖에 없다. 독자들로부터 멀어질 뿐 아니라 진보와도 멀어지는 길이다. 진보언론은 출입처와 조중동의 프레임에 휩쓸리지 않고 개혁의 관점을 견지하면서 진실을 드러내야 할 의무가 있다. 그리고 궁극적으로 우리 사회가 가야 할 방향을 탐구하고 제시해야 한다. 스스로 재벌이 된 언론과 재벌의 돈으로 먹고사는 언론이 대부분인 나라에서 양심적 저널리스트의 역할은 아무리 강조해도 지나치지 않다.

검찰공화국 해체는 정치선진화로 이르는 관문
—

이 책의 핵심 주제인 검찰개혁으로 끝을 맺으려 한다. 공수처가 출범했고 검경수사권이 조정됐지만 검찰개혁이 이뤄졌다고 생각하는 국민은 거의 없다. 검찰의 막강한 권력은 거의 그대로이고, 경찰 출신 전관 변호사 선임이 늘고 있다. 좀 더 있으면 공수처 출신 전관 변호사도 생길 것이다.

문재인 정부의 검찰개혁 실패는 예정돼 있었다. 권력 분산과 민주적 통제라는 기본 원칙에서 벗어난 그림을 그렸다. 지름길을 놔두고 먼 길을 돌아갔다. 기소권과 수사권을 분리하고, 경찰과 검찰의 (중대)수사 및 기소를 시민이 통제하는 대배심(grand jury)을 도입해야 했지만, 제도를 근본적으로 바꾸지 않고 적당히 타협해 인사로 해결하려 했다. 윤석열을 수족처럼 부리려고 하지는 않았겠지만, 너무 쉽게 믿었고, 너무 많은 권한을 주었다. 적폐수사가 끝나갈 무렵, 서울중앙지검장 신분으로 조선일보의 방상훈과 중앙일보의 홍석현을 잇달아 만났을 때부터, 윤석열은 이미 칼끝을 돌리겠다고 마음먹었을 거라고 나는 생각한다. 윤석열은 과거 권위주의 정권 시절 검찰의 주특기였던 정적 제거 기술을 총동원했다. 피의사실과 직접 관련 없는 사생활의 가십(강남의 건물주가 꿈이라는 둥)을 흘려 인격을 짓밟았고, 과도한 강제수사와 별건수사로 법의 상식을 짓밟았다. 현 정권을 정적 대하듯 했다. "수사권 가지고 보복하면 그게 깡패지, 검사입니까?"라고 말했던 윤석열은 수사권을 갖고 정치를 했다. 그리고 최소한의 정치적 알리바이조차 걷어차고 국민의힘에 입당함으로써 깡패보다도 못한 양아치 수준임을 스스로 입증했다.

검찰개혁 2.0의 목표는 민주주의의 기본으로 돌아가는 것이다. 남용과 전횡이 가능한 무소불위의 권력기관을 그대로 두고 대한민국이 민주주의 국가라고 말할 수 없다. 윤석열 같은 괴물이 탄생할 수 있는 독점 구조를 뜯어고치고, 어떤 정권이 들어서든 검찰권력을 활용해 정치를 하거나 정치보복을 자행할 수 없도록 시스템을 바꿔야 한다. 법률 기술자들이 국민 위에 군림하지 못하도록 민주적 통제를 강화하고, 돈으로 법을 사는 부패의 사슬을 끊어야 한다. 이것이 법치의 근본을 바로 세

우는 길이며, 대한민국의 문화와 경제적 수준에 걸맞은 정치선
진화와 사법민주화로 가는 필수 관문이라고 나는 생각한다.
가시밭길이겠지만, 가야만 하고, 갈 수밖에 없는 길, 검찰공화
국 해체의 길이다.

개와 늑대와 검찰의 시간

초판 1쇄 발행 2021년 12월 3일

글쓴이 이재성
펴낸이 김정한
디자인 전병준
펴낸곳 어마마마

출판등록 2010년 3월 19일 제 2010-000035호
주소 서울특별시 종로구 율곡로 191-1 디그낙빌딩 3층
문의 070-4213-5130 (편집) 02-725-5130 (팩스)
이메일 ermamama@gmail.com

ISBN 979-11-87361-15-2 03340

* 잘못된 책은 바꾸어 드립니다.